指尖的爱

胡林翼家书

胡林翼/著

中国长安出版社

图书在版编目（CIP）数据

胡林翼家书 /（清）胡林翼著．— 北京：中国长安出版社，2014.7

ISBN 978-7-5107-0762-9

Ⅰ．①胡… Ⅱ．①胡… Ⅲ．①胡林翼（1812～1861）—书信集 Ⅳ．① K827=49

中国版本图书馆 CIP 数据核字（2014）第 176319 号

胡林翼家书

胡林翼 著

出版：中国长安出版社
社址：北京市东城区北池子大街 14 号（100006）
网址：http://www.ccapress.com
邮箱：capress@163.com
发行：中国长安出版社　全国新华书店
电话：（010）85099947　85099948
印刷：香河县宏润印刷有限公司
开本：880mm × 1230mm　1/32
印张：8
字数：125 千字
版本：2015 年 1 月第 1 版　2015 年 1 月第 1 次印刷

书号：ISBN 978-7-5107-0762-9
定价：26.80 元

胡林翼（1812~1861）

著者小史

胡公林翼，字贶生，号润芝，湖南长沙府益阳县人。由翰林历官府道，寻擢湖北抚巡。文宗末年，薨于武昌节署，追赠总督，予谥文忠。少负才气，为文操笔立就，旁通曲畅，自达其志。其治案，不侮鳏寡，不畏强御；其治军，赏罚严明，知人善任。其理财，杜绝中饱，核实收支。创办厘金，分置盐局，务使湖北以兵与饷强天下。当其在贵州安顺任时，日坐堂皇，讼牒至，立与剖断，清积案至三百余牍，人皆额手颂为好官。公生于嘉庆十七年，年五十。夫人陶氏，以从弟棻翼子又勋为嗣。所著有《读史兵略》、奏疏、尺牍、诗古文集等。

◎白话译文

胡林翼先生，字贶生，号润芝，湖南长沙府益阳县人。胡林翼出身翰林，历任府台、道台等官职，没过多长时间被提拔为湖北巡抚。咸丰末年，他在武昌任上逝世，朝廷给他追赠了总督的职衔，并赐其谥号文忠。少年胡林翼极有才华，写文章时拿起笔能一挥而

就，他的文章畅达且寓意深刻，同时表达了自己的志向。他处理案件，从不欺侮老弱病残，不畏惧有权有势的人；他管理军队，奖惩严明，善于用人；他管理财务，严禁贪污腐败、中饱私囊，把收入和支出核对得清清楚楚。胡林翼还创立了一种称为“厘金”的税收制度，在多地设置了盐局，务必使湖北的军力和财力在全国独占鳌头。当胡林翼在贵州安顺任职时，每天坐在公堂上，只要有诉讼的文书送上来，就立刻开始剖析断案，清理累积的案牍共达三百多件，人们都很庆幸，称赞他是一个好官。嘉庆十七年胡林翼出生，享年五十岁。他的夫人姓陶，将从弟（古人把同曾祖父、不同父亲且年幼于己的同辈男性称为从弟）棐翼的儿子胡又勋当作继承人。胡林翼的作品主要有《读史兵略》、奏疏、尺牍、诗古文集等。

目录

致墨溪公（论考试制度）

王二来，获手谕，敬悉大人已安抵家中，无任快慰。此间人士，咸以大人学术湛深，文章渊茂，乃仅膺鹗荐，未获鹏抟，深为扼腕。然侄深知大人取青紫如拾芥，暂时蠖屈，又何足介介耶！考试制度创自明祖，其用意所在，姑置不论。唯以一日之短长，定万人之高下，沧海遗珠，势安能免士之怀才而不售者！岂果文章之劣，非命运之舛！即主试者知才之匪易，风檐寸晷中，殆不知有多少才人因挫折而抑郁，而穷愁，而颓放，或且至于老死而默默无闻。其狡黠者，不甘岑寂，则更别出奇途，以求遂其富贵功名之欲望，而天下事遂不堪问，呜呼，此又岂创者之本意哉！侄年少，言未能合于理，聊抒所怀，尚望叔父纠绳而训导之。双亲均康健，侄精神亦佳，足慰远念。

道光二年壬午十二月初三日

◎白话译文

王二来到我这里，带来了您的亲笔信，得知大人已经平安到家，我感到非常欣慰。这里的人们都认为您的学术精湛、底蕴深厚，您的文章立意深刻、辞藻华美，却只因鄙陋浅薄之人的推荐，不能实现自己的远大抱负，我们都深深为您感到痛心。然而侄子我深知您能非常容易就获取功名，只是暂时不能得志罢了，有什么值得太在意的呢！贤明的先祖创造出了考试制度，他们的用意是什么，我们暂且放在一旁不去讨论，但只用一场考试来判定上万人的高下等级和优劣品质，这样犹如沧海遗珠，势必埋没了人才，怎能避免有人怀才不遇呢！难道真是文章写得不够好，而不是人生命运的挫折吗？即使主持考试的官员知道学子们的不易，科举考试非常辛苦，却不知道有多少有才华的人因为命运挫折而抑郁于怀，甚至穷困愁苦、颓丧放纵，甚至有人直到老死了却还默默无闻。那些奸诈狡猾的人，不甘寂寞，于是另寻新奇的出路，来追求满足自己获得功名富贵的欲望，然而天下的事情就变得非常糟糕了。唉，这又怎么能是创立考试制度的人的本意呢！侄子我年纪还轻，所说的话不能合乎道理，只是抒发一下自己的感慨，还希望叔父多纠正训导。父亲母亲都身体健康，侄子我的精神状态也很好，身在远方的您不用挂念我们。

中国古代最大的科举考场江南贡院

致墨溪公（禀告在京状况）

去腊曾上一禀，谅已收到。侄窃计入京以来，瞬逾二载，京都风俗，多有与桑梓异者。初逢其境，辄为胡卢，近已稍稍习惯矣。新年中父亲偕赴亲友处贺年，获闻名言谠论，至深欣诧。父亲当命逐日记录，一以备遗忘，一以习文字，另纸录奉，千乞大人正其疵累。叔父在京时，朝夕相晤，苟遇疑难，即可随时请益。别后，困闷异常，读书至不能明了时，独自沉思，煞费精神，往往仍有舛误。父亲又因事务栗六，无暇指示，深恐侄坐废光阴，歧途误趋，现拟请醴陵文定齐老伯授读。父亲告侄，文老伯为名孝廉，叔父谅亦认识者也。天时仍寒，且阴雨，家乡气候较好否？伏望珍摄自重。

道光三年正月二十五日

◎白话译文

去年腊月的时候，我曾经给您写过一封信，想必您已经收到了吧。侄子我私下算算，来到京城转眼已经两年多了，京城的风俗习惯与家乡的风俗多有不同。我刚到这里的时候，经常会闹出笑话，现在已经稍微能习惯些了。过年的时候，我和父亲一起到亲戚朋友家拜年，能够听到他们高深精微的言论，我深深感到欣喜和惊诧。父亲当时就告诉我把这些见闻按日期记录下来，一方面是为了防止遗忘，另一方面也是练习作文写字。我又另外在纸上抄好一份寄给您，万望大人您改正其中错误的地方。当初叔父也在京城的时候，我们每天都能见面，如果我遇到了不能解决的疑难，就可以随时向您请教并受益匪浅。与叔父离别后，我的心里非常困惑烦闷，读书时遇到不能理解的地方，只能一个人深思，实在是耗费精神，而且常常仍有错误。父亲因为事情繁多，没有时间指导我，但又非常担心我白白浪费了大好光阴，甚至慢慢地误入歧途，现在打算邀请醴陵的文定齐老伯给我授课讲学。父亲告诉我，文老伯是一位非常有名的孝廉，想必叔父也应该认识他。现在天气依然寒冷，而且阴雨绵绵，家乡的气候比较来说能好些吧？希望叔父一定保重身体。

致墨溪公（钦佩叔父怀抱）

奉手谕，盥诵再四，其所以嘉勉侄者，至感且惭。至谓士先器识而后文艺，唯庸人乃斤斤于功名之得失数语，尤足见大人之怀抱迥异常流，钦佩何可言宣！父亲近亦告诫侄，读书当旁搜远览，博通天人，庶几知上下古今之变，而卓然成家。若仅仅以辞句相夸耀，非所以励实学也。侄迩来读书所得，录奉数则，稚子识见，幸大人勿哂。

道光三年三月十四日

◎白话译文

收到叔父的亲笔书信后，我洗完手诵读了数遍，叔父在信中嘉奖勉励我，我非常感动，而且很惭愧。您在信中说，士人首先应该具备器量和见识，然后再学习文学、艺术，只有平庸无能的人才对功名得失斤斤计较的这些话，尤其能看得出叔父大人的胸襟抱负与一般的人完全不同，我对您的钦佩之情真是无以言表啊！近来父亲也告诫我，读书就应该旁征博览、追本溯源，博学通晓自然与人事，大概期盼我能知晓上下古今世事变化的道理，然后学有所成，创一家之说。如果只是用华丽的词句向人炫耀，并不是磨炼真才实学的办法。侄儿把最近读书的收获，抄录几份寄给您，我年纪太轻，见识还非常浅薄，还希望叔父大人不要笑话我。

致墨溪公（禀读《小宛》之后感）

近读诗至《小宛》之五章，疑传笺释义盖未尽也。传曰：交交，小貌。应释为群飞貌。笺曰：窃脂，无肉食粟，失其性，不能自活。亦未尽当也。交交桑扈，率埸啄粟，喻今日之差胥，周围民居所在，啄食之人也。交交，喻群党之义；窃脂，喻贪朘之状。哀我填寡，宜岸宜狱，诗人自知孤弱无可告诉，而以岸狱为宜，其忠厚悱恻，哀而不怨，亦可伤矣。呼长上而冤不可伸，即卜之鬼神亦无善兆。诗旨尤为沉痛。侄迩来观于书，嗟贪虐之风实有不可遏止之势，倚仗盛势，鱼肉乡愚，稍有人心，为之发指。而猾宦豪绅，方且倚若腹心，用为牙爪，择肥而噬，唯利是图，天下滔滔，习非成是，风俗颓坏至此，殊有酿成祸乱之惧。思念所及，录呈大人鉴正，一得之愚，未稔有当否？父亲近补授国子监司业，已另有函详述近状。

道光四年十月十二日

◎白话译文

近来读《诗经》到《小宛》这五章，我感觉《诗经》毛传和郑笺中的释义大概不是很详尽。毛传里说："交交，描写的是小鸟的

样子。”应该解释成众鸟齐飞的样子。郑笺里说：“窃脂这种鸟，没有肉只能吃粟米，丧失了它的本性，难以生存下去。”我认为这个解释也不够详尽妥当。成群的桑扈沿着谷场啄食粟米，是比喻现在衙门里的差役，在周围生活居住的百姓，都是他们剥削的对象。交交，喻指成群结党的意思；窃脂，喻指贪污的样子。可怜百姓贫困交加，会遭诉讼进牢房，诗人知道自己孤单无助没有能申诉的地方，却认为进牢房是合宜的，他内心忠厚而凄苦，哀伤而不怨恨，实在是令人伤心啊。他们向上面申诉冤屈却不能昭雪，即使向鬼神占卜竟也没有好的征兆出现。诗歌表达的主旨尤为沉痛深刻。侄子我近来读这些书，感叹贪污受贿、残害百姓的社会风气确实有不能遏制的趋势，倚仗强大的势力压迫剥削百姓，稍有些良心的人一定对此倍感愤怒。而狡猾的官吏和有势力的士绅，况且依仗他们将其作为心腹，用作自己的帮手，有利益可占的就拼命地据为己有，唯利是图，这么大的社会到处都是这样，歪风邪气已经习以为常了，败坏的风俗到了这种地步，特别害怕酿成社会动乱。这是我能想到的全部了，写下来呈送给您，请叔父大人帮我指正，我的这点儿读书感受不知道是否恰当？最近父亲被补授国子监司业的职位，已经另写信件详细述说最近的情况了。

国子监的集贤门

致墨溪公（禀己病况等）

近日父亲奉旨充云南乡试正考官，已定期启行，京中亲友纷纷设宴饯别，父亲本深以应酬为苦者，然亦无法摆脱。侄仍留与祖父大人同住。盖因病后初愈，未能长途跋涉也。侄此次起病，本易疗治，即不药亦甚易痊愈，乃因大夫无识，始投热剂未效，又投凉剂，以药试病，病乃变剧。更易一大夫，则又谓前者用药已误，则更投他药，以药治药，而病益剧。驯至神志昏朦，体弱不胜，几濒危殆。最后父执狄山世伯来视，始认定病源，拟方下药，病始转机。起床健饭，为时仅四五日耳。侄此次一病，深叹医界太无进步，望问闻切，均出以玩忽，草草处方，即又他去，握生杀之权，而不负生杀之责，甚至误投药剂，杀人无形，亦可逍遥自在，此种情形亦殊令人愤愤也。甘叔前有来京之讯，迄今仍未见莅止，中止耶？抑尚有所待耶？伯祖大人近日体气如何？父亲嘱奉上丽参，请代转献。

道光八年五月初五日

◎白话译文

近几天，父亲奉朝廷圣旨担任云南乡试的正考官，已经定好了动身赴任的时间，京城里的亲朋好友纷纷设宴席为父亲送行，父亲一直以来都认为应酬是一件很痛苦的事，然而这也是没法摆脱的事情。侄子我仍然留下来和祖父大人住在一起。大概是因为之前的病刚刚痊愈，我禁不起长途跋涉的颠簸。侄子我这次生的病本来是很容易治疗的，即使不服药甚至也能很容易痊愈的，就是因为大夫没什么见识，起初让我吃温热去阴凉的药剂没有效果，之后又让我吃阴凉去温热的药剂，用药来检验试探我得的是哪种病，就这样病情变得越来越严重了。于是换了一个大夫，这个大夫又说前面那个大夫已经用错了药，于是改用了其他药剂，说是用这种药来纠正前面错用的药剂，然而我的病情变得更严重了。没多久，我甚至到了神志不清、晕晕乎乎、身体孱弱、体力不支的地步，几乎濒临死亡的边缘。最后，父亲的朋友狄山世伯前来看望，才找到了病根所在，写定了药方按其服药，我的病情开始出现转机。这样服药只用了四五天时间，我就能起床了，而且饭量大增。我通过这次生病，深深感叹医学界的专业水平没有太大的进步，望闻问切，都是非常不负责任的，医生玩忽职守，马虎地开出药方，接着又随意删改，手握病人的生死大权，却不对病人的生死负责，甚至开出错误的药方，在无形之中杀死了人，却还能逍遥法外，这种情形也特别令人感到愤愤不平啊。前段时间据说甘叔要来京城，到现在为止仍然没见他来，这个计划取消了吗？或者是还在等什么事情？近来，伯祖父大人的身体气色怎么样呢？父亲嘱咐我给伯祖父送上丽参，请叔父大人代我转交给他。

高丽参

致达澍叔（禀告黔省民风）

由京到黔，迭于路次禀告情形。昨晨抵省，当随祖父大人径至学署，父亲大人适因公外出，迟至傍晚始获面晤。离乡千里，祖孙相聚于一堂，天伦之乐，当无复有加矣。此间地方贫瘠，风尚拙朴，与京师人士之趋奢靡而工诈伪者大不相同。唯闻父亲大人言，风化固淳，人才却鲜，殆亦因闭关不与外省交通故也。侄在此，拟定日课。按时做事，不敢荒怠。唯于温清之余，颇思外出游览，探寻幽胜，以游目骋怀，并一觇历史遗迹，以抒怀古人也。

道光八年十月十二日

◎白话译文

从京城到贵州，我多次禀告了在路上的情况。昨天清晨抵达省城，当时我跟着祖父大人直接去了学署，父亲大人当时恰好因公事外出了，我们一直等到晚上才算见了面。远离家乡千里，祖孙三代人能够欢聚一堂，享受天伦之乐，应该说没有比这种快乐更让人感觉幸福的了。这里周围土地贫瘠，生活贫困，但这里民风淳朴，与京城人士之间争相浪费、习惯狡诈伪装的风气有很大的不同。只是听父亲大人说，这里虽然社会风气自然淳朴，但人才稀少，大概也是因为交通闭塞，不与其他省份交流往来的缘故吧。侄子我在这里，定出计划每天要阅读的书。按照时间去做，不敢荒废时间有所倦怠。只是在读书空闲的时候，很想到外面游览一下，探访寻找幽美的旅游胜地，来开阔视野舒畅胸怀，并瞻仰历史遗留的古迹，来抒发自己对古人的一些感怀。

晚清贵阳的甲秀楼

致墨溪公（禀告黔境民情）

前奉父亲大人谕，随祖父大人由京师到黔，一路跋涉，颇感困苦，幸向导得人，未致稽延时日，平安抵境，堪以告慰。此间风尚与益阳大有差异，简陋朴塞，殆犹是秦汉时情形。地方人士开通者甚属寥寥，即一二自命有识之士，亦仅仅能读文字而已，天下郡国之利弊瞢瞢如焉。然其人类皆重信诺，严去取，虽贫而有骨气，以视京师人士之浮滑奸诈，不惜自贬人品趋媚大人先生，以求一命之荣者，大不相同。侄在此间读书以外，兼好山水，游屐所经，拟一一发为吟咏，姑俟成帙，再行寄奉。祖父大人及父亲大人身体均健，千里以外，一堂三代，天伦之乐，无异居家，盖浑忘羁旅之况味矣。

道光八年十月二十三日

◎白话译文

之前尊奉父亲大人的指示，我跟随祖父大人一起从京城到了贵州，一路长途跋涉，翻山越岭，感觉特别困顿辛苦，幸运的是我们有一个好向导，没有导致耽搁延误时间，平安到达了目的地，终于

可以让叔父放心了。这里的社会风气与益阳相比差别很大，设施简陋、风气淳朴、交通闭塞，大概很像秦汉时期的社会情形。在地方人士中开明通达、了解外面世界的人真是特别少，即使有一两个自认为是有见识的人，也仅仅是能读文识字罢了，对天下州县的优势弊端等情况都浑然不觉。但这里的人们都非常重视诚信并遵守诺言，严肃对待付出与收获，虽然贫穷却很有骨气，再看京城里的人们浮躁油滑奸诈，不惜贬低自己的人格品德，向达官贵人们奉承谄媚，来追求获得一生的富贵荣华，这两者相比是完全不同的。在这里侄儿除了读书以外，还喜爱游览山水，打算为所到的每个地方都一一咏诗作文，姑且等到编纂成册后，再另行寄给叔父大人看。祖父大人和父亲大人的身体都很健康，虽然身在远离家乡的千里之外，三代人相聚一堂，共享天伦之乐，跟在家乡时没有任何区别，甚至完全忘记了寄居异乡的境遇和感受。

致墨溪公（禀请缓婚期之故）

侄自接大人来谕，始悉姻事。思维再四，觉有未能已于言者。男大须婚，女大须嫁。此语诚是。然《礼》不云乎：男子三十而娶。盖亦有鉴于早婚之有害于学业身体，而兼足以颓丧人进取之心，故必俟血气稍定，学业有成，而后始许以享室家之好也。侄前蒙陶丈赏识，于孩提之时，一见即以爱女相许，知己之恩，拳拳曷已。然年将弱冠，一事未成，问学则之无仅识，言名则一衿未青，遽尔成婚，殊深愧恧。此事已向堂上委婉陈辞，唯闻堂上之意颇主明夏择期完姻，为特禀恳大人希将侄意函请堂上，决从缓议，姑俟稍有成就，再行亲迎之礼，至所感盼。

道光九年九月十六日

◎白话译文

自从接到叔父大人寄来的亲笔信，侄儿才得知有关自己婚姻的事。我认真考虑了很多次，感觉还有些话没能说出来。男大当婚，女大当嫁。这句话说得确实不错。但是《礼》中不也说："男子

胡林翼岳丈陶澍像

三十而娶。”大概是因为考虑到过早结婚对学业和身体都有一定的损害，而且完全会使人变得颓废丧失上进心，所以一定要等到血气稍微稳定一些、学业取得成就，然后才答应开始享受成家的快乐。以前侄儿承蒙陶家伯父欣赏，在我还是孩子的时候，他见我第一面就决定把自己的女儿许配给我，他把我当作知己的恩情，深深地刻在我的心里。然而我现在都快二十岁了，却还一事无成，说学业吧，又没有什么大的成就，提到功名，更是没有获得一官半职，如果现在就结婚的话，我深感惭愧。我已经委婉地向父亲和母亲说过这件事，但双亲比较希望在明年夏天选个日子让我办完婚事，我给您写这封信，特别恳请您把我的想法寄信转告给我父母亲，希望这件事以后慢慢商量，等到我稍微获得一些成就时，再举行迎亲的仪式，非常盼望您能帮我完成这件事。

致墨溪公（告将返湘）

姻事缓期已难如愿，陶丈之意，并拟效馆甥古事，令侄入赘。堂上业已允诺，侄自未敢违抗，未知大人在益阳有所闻否？祖父大人现拟不日携侄返乡，一切行李均摒挡就绪。父亲大人因试事尚未告竣，未能同回。家中情状，谅俱臻佳境，离乡日久，思念益殷，恨不插翅飞归，迅聆训诲。

道光十年二月初四日

◎白话译文

延期结婚的事情已经难以如愿了，按照陶家伯父的想法，打算效仿古人，让侄儿到陶家成亲落户。我的父亲母亲都已经答应了，侄儿我自然不敢违抗，不知道叔父大人在益阳有没有听说这件事呢？现在，祖父大人打算这几天带着我返回家乡，所有随身的行李都已经收拾妥当了。父亲大人因为主持考试的事情还没有结束，不能和我们一起回家里。家里的情况，一定会越来越好的，离开家乡的时间很久，对家乡的思念之情就越来越殷切，我真恨不得插上翅膀飞回去，这样就能很快聆听到叔父大人的训导和教诲了。

陶澍尚书第是当年陶澍回乡省亲祭祖时的临时居所

致达源公（禀告在湘情况）

家中自祖父大人以下，俱臻康健，足以告慰。男此次返乡完姻，一切俱由祖父大人主持，奢俭适中，乡评至洽，新妇性情尚温和，曾读书识字，自奉亦颇知节俭，可纾大人远念。男现从祖父大人之命，师事蔡芸蕃中书读书。中书学问淹博，道貌尊严，男获侍几席，裨益决非浅显。

道光十年九月初三日

◎白话译文

家里的人从祖父以下，他们的身体都比较健康，这些足以让人感到欣慰了。这次我回家乡完成自己的婚姻大事，所有事情都是由祖父大人操办的，奢俭程度刚刚合适，乡亲们的评价也都不错，迎娶的新媳妇的性情也还算温柔，她曾经读书认字，她在日常生活的花费上也特别知道节省，在远方的您可以不用过于惦念了。现在我听从祖父大人的命令，把中书大人蔡芸蕃当作自己的老师，读书学习。中书大人学问渊博，让人敬佩，有几次我能幸运地侍奉他，获得的益处非常多，而且绝不浅显。

清朝传统的结婚照

致达源公（禀告自己身心状况）

奉手谕，谆谆以勤学保身相嘱，男自当敬从。男身体本甚健硕，近更注意摄生，不敢贪逸恶劳，以自斫丧，遗大人忧。男年已弱冠，一无所成，清夜扪心，倍深惭悚。况自师事芸蕃夫子大人后，诱掖殷勤，更不敢耽于燕婉之私，而隳进取之志，祈大人勿念。母亲大人前闻患病，未识已经告愈否？湘黔气候不同，而黔中又无良医。如能返益调摄，较为相宜，大人意见，其谓之然？

道光十年十月十一日

◎白话译文

遵照您上次寄来的亲笔信，您谆谆教导我要勤于学习、保重身体，我自然是遵照您的嘱咐去做的。我的身体原本就很强健结实，最近更是注意饮食卫生，不敢贪图安逸讨厌劳动、以致损害自己的身体，让大人您为我担心。现在我已是弱冠（男子二十称弱冠）的年纪了，却还是一点成就都没有，寂静的夜晚我扪心自问、不断反省，深感惭愧恐惧。况且自从拜芸蕃夫子大人为师后，大人非常殷勤地引导扶持我，我更是不敢因沉湎女色而浪费时间，丧失不断进取的志向，期盼大人不必担心这一点。听说母亲大人前段时间生病了，不知道现在是否已经痊愈？湖南和贵州的气候有所不同，而贵州那里又没有医术高明的医生，如果母亲能回到湖南多多调节饮食，还是比较合适的，您有什么意见，我的说法对不对呢？

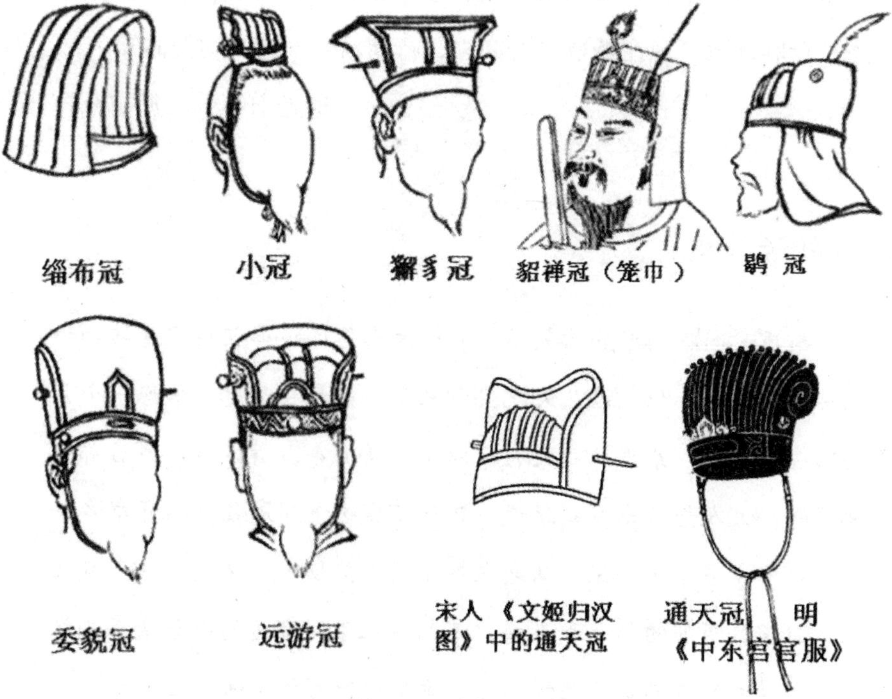

古代男子的各种冠

致达源公（问返乡之期）

前奉手谕，敬悉大人已奉旨转补翰林院侍读，不日卸任，并有旨给假一月归省，家中自祖父大人以下，闻之咸深欢喜。大人自乡而京，由京赴黔，离家已逾十载，家中老小，均甚盼望大人赶速回来，藉聆训诲。现在黔事已否卸去，行期已否确定，均望谕知。

道光十年十二月初八日

◎白话译文

前段时间收到您的亲笔信，知道大人您已经奉朝廷旨意转调为翰林院侍读的职位，过几天就要卸任了，并且在圣旨中给您一个月的回乡探亲假，家里从祖父大人以下的所有人，听说这件事后都深感高兴。大人您从家乡到京城，又从京城去贵州赴任，离开家乡转眼已经有十多年了，家里从老人到小孩都热切地盼望您能快点赶回来，以求聆听您的训导和教诲。不知现在贵州那边的事务是否已经结束，动身的日期是否已经确定，希望您能写信告知现在的情况。

致达源公（禀告金陵情形）

男前奉岳父大人谕，嘱送外姑至江南任所，外姑坚欲偕女同行，故男夫妇两人同至江南。夙闻三吴富丽甲于天下，自抵金陵，即便留心玩赏。金陵本为六朝建都之地，名胜古迹所在皆是。尝至明陵，为明祖埋骨之所，气象裔皇，诚非寻常陵墓所及，然而荒土一抔，已令人不胜今昔之感。同泰古寺香火鼎盛，而梁帝舍身已成陈迹，斯又令人为之太息无已者也。雨花台形势雄壮，莫愁湖景色静幽，游玩之余，心怡神旷，与黔中情形又复不同。盖黔中天然之胜景多，而金陵则历史上之古迹多，故观感亦复各异也。岳父办事干达，政声极佳，大人此次由黔回京，道途仆仆，劳苦亦甚矣。为人子者，不追随左右，而反携妇南行，不孝实甚。此间事稍稍就绪，仍拟赴京，大人谅亦谓然。母亲大人近日身体如何？气喘病发否？闻久浸缸中之陈降香，用沸水冲末服下，则气自平，盍于发时试之，或有奇效也。南方气候渐热，且苦潮湿，北地气候谅不相同也。

道光十二年五月初二日

◎白话译文

前段时间我遵照岳父大人的意思，嘱咐护送岳母到江南任职的地方，岳母坚持想带上女儿一起走，所以我夫妇俩一起到了江南。早就听说三吴（吴郡、吴兴郡、会稽郡）富饶秀丽，天下第一，自

梁武帝萧衍的画像

从到达金陵，我们就留心游玩观赏。金陵本来就是六朝建都的地方，遍地都是名胜古迹。我曾经到过明陵，那是埋葬明朝帝王的地方，气象万千、宏伟壮观，绝对不是普通的陵墓能比得上的，然而现在竟是一抔荒土，真是让人不禁感叹今昔的沧桑巨变。同泰古寺的香火非常旺盛，而梁武帝萧衍在这里多次舍身出家已经成为陈年旧事，这又让人感叹世事就是这样不停地变化。雨花台的地形姿态雄伟壮观，莫愁湖的景色清静深远，游览观赏之余，令人心境开阔神情自在，与在贵州的状态有太大的差别。可能是因为在贵州自然天成的美景更多，而在金陵历史遗留的古迹更多，因此观赏后的感受又会各不相同了。我的岳父处理事务干练通达，政绩和名声都非常好，您这次从贵州回京城，旅途劳累奔波，实在是特别辛苦。我作为您的儿子，不能伴随在您身边，相反却带上妻子去了江南，实在是太不孝顺了。等这里的事情稍微安排妥当了，我还是打算赶回京城，想必父亲您也认为我应该这样做吧。近来母亲大人的身体还好吧？她的气喘病有没有发作呢？我听说长时间浸泡在缸里的陈年降香（一种乔木，可入中药）研成末，用开水冲泡喝下，呼吸就会慢慢平缓下来，为什么不在发病的时候试着喝点，或许能产生神奇的效果吧。现在南方的天气逐渐变热了，而且潮湿的空气非常令人苦恼，北方的天气想必跟那里大不相同吧。

致保弟、枫弟（谈莫愁湖）

来金陵后，昨游莫愁湖，莫愁，故卢家妇，梁武帝歌云：河中之水向东流，洛阳女儿名莫愁，十五嫁为卢家妇，十六生儿是阿侯。或谓梁帝歌中所云莫愁系洛阳人，我侪所游者并非指此。湖本为明中山王之故园，而由明祖所赐者。相传明祖与中山王约赌墅之局戏，中山胜，遂以莫愁湖为汤沐之赐，故今有胜棋楼云。齐东野人之谈，莫可究诘，而谈者津津，一若确有此事焉者，斯不亦可笑耶！唯莫愁湖枕郭而山，波光澄澈，若悬明镜，披襟游玩，洵足以涤尘氛而清胸膈，不仅心怡而神旷也。惜弟等远在益阳，不能共同赏玩，而兄又无文才，将妙处曲为传出，若一幅画图，寄呈弟等之前，斯其无如之何耳！

道光十二年五月廿一日

◎白话译文

到了金陵之后，昨天我游览了莫愁湖，莫愁是以前卢家的一位妇人，梁武帝的诗歌中有：河中之水向东流，洛阳女儿名莫愁，

莫愁湖里的莫愁女雕像

十五嫁为卢家妇，十六生儿是阿候。有人说梁帝的诗歌中所说的莫愁是洛阳人，但我们游览的这个湖并不是指这个人。这个莫愁湖本来是明代中山王徐达的旧园林，是由明朝太祖皇帝赏赐的。民间的传说是明朝太祖皇帝和中山王约定赌棋局，中山王获胜，于是明太祖把莫愁湖作为赏赐给了他，所以现在也有胜棋楼的说法。齐东乡下人的传说，不必穷究不舍，但是谈论的人都津津有味，或许说不定确实发生过这样的事，这不也是很可笑的吗！莫愁湖环抱外城一直延伸到山下，波光粼粼、澄清透澈，犹如悬挂着一块明亮的镜子，敞怀游玩，确实能够洗涤世俗之气并认清自己的志向，不只能令人心情舒畅，而且使思想开阔。可惜弟弟们几个人在遥远的益阳，不能一起欣赏游玩，但我这兄长又没什么文采，只能把精妙的地方曲折地表达出来，如果能画一幅图，寄送到你们面前，这样还不知道会怎么样呢！

莫愁湖的胜棋楼

致达源公（禀告近况）

前奉禀未久，手谕旋颁。捧读之余，稔大人又升补詹事府右春坊右庶子，以原衔充日讲起居注官，至深荣快。母亲肝病稍愈，又足令为子者欣慰。男在江宁，纵游山水，精神殊为一变。岳丈公退之余，辄与男长谈，岳丈胸中本极渊博，加以数十年来宦途阅历，上下古今融会贯通，每及一事，旁证曲引，判断洞中窍要，于男进益非浅显焉。男在署中，无事时辄点阅司马《通鉴》，每晨临池一小时，幸能不间断。身体亦颇健。祈勿念。

道光十二年五月廿八日

◎白话译文

前不久刚给您寄了一封信，很快就收到了你的亲笔信。捧信读完之余，我得知大人又被提拔担任詹事府右春坊右庶子的职位，按照原来的官衔担任每天讲课的起居注官，我深感荣幸和快乐。现在母亲的肝病稍微好些了，这又足以使作为儿子的我感到很欣慰。现在我在江宁，尽情地游山览水，我的精神状况完全因此而大变。岳丈大人在办完公务的闲暇时间里，就和我进行长时间的交谈，岳丈懂得的知识本来就非常渊博，再加上几十年的官场阅历，能把古今上下融会贯通起来，每提到一件事，都能旁征博引，分析判断、洞察其中的诀窍和关键点，对我来说所得的益处绝不是很少和浅显的。我住在衙门里，闲来无事的时候就读一读司马光的《资治通鉴》，每天清晨我都练习一个小时的书法，幸好能一直没有间断过。我的身体也一直很健康。希望您不要惦念。

司马光画像

致保弟（谈应重视身体锻炼）

枫弟有信来，谓吾弟近日身体不甚健旺，以意揣度，或者用功过度所致，兄殊为焦虑。吾人做事，第一须赖学问，第二须靠精神，有学问而无精神以济之，则办事过久过多，均有不能支持之苦痛。语曰：有十分精神，方能办十分事业。此诚阅历有得之言也。吾国人士，向不肯注意于身体之健康，而又心思过用，以致年未四十，而视茫茫，而发苍苍，而齿牙动摇者，滔滔皆是。当强仕之年，而已衰颓若是，则一旦畀以斧柯，又将何以肩负耶！兄现颇注重卫生，而其入手方法，则维一动字。早起勤，则精神爽，运动勤，则筋骨坚。吾弟身既孱弱，不必专乞灵于药饵也。幸注意早起及习劳二事，伏案工夫须稍稍放宽，是所至要。

道光十三年四月十七日

◎白话译文

枫弟寄来一封信，告诉说我的弟弟最近这段时间身体不是特别健壮，据我猜测，或许是读书用功过度导致的，兄长我特别为他着急。

我们做人处事，第一要靠的就是学问，第二必须依靠精神，只有学问而没有精神的协助，如果长时间过多地处理事情的话，就会造成身体无法支撑的痛苦。人们常说：“有了十分的精气神，才能处理十分的事业。”这确实是阅历丰富的人说的话啊。我们国家的士人，从来都不肯注意身体的健康锻炼，而且心思用得太过度，最后导致还不到四十的年纪，视物模糊、白发苍苍、牙齿松动脱落的人，多得到处都是。本应是身体强壮的年纪，却已经衰老颓丧到了这种地步，如果一旦委以重任，到时候又能用什么去担负呢！现在兄长我特别注重身体的卫生和健康，而其中所用到的方法也就是一个“动”字。清晨早早起床，就会精神清爽；勤于锻炼身体，就会筋骨结实强壮。现在弟弟的身体已经虚弱，就不用非要去寻找使身体健康的灵丹妙药。希望你重视早早起床和学习锻炼身体这两件事，在桌前看书处理公务等时间必须稍微放得宽松一些，这才是至关重要的。

致枫弟（谈应勤敏悦学）

吾人生于两仪之间，果何为乎？兄常冥冥以思，而苦未能得解。然人生决不当随俗浮沉，生无益于当时，死无闻于后世，可断言者也。唯然，吾人当求所以自立，勉为众人所不敢为、不能为之事，上以报国，下以振家，庶不负此昂藏七尺之躯。夫今日最要之图，首在有所养。蒙庄有言：水之积焉不厚，则其负大舟焉无力。养者，即积之谓也。积之道如何，亦唯勤敏悦学而已。举凡切合于政治民生之学，穷原竟委，专心研贯，一事毕，更治一事，如是，则他日出而用世，庶不致折足覆餗之诮，而愚妄之讥自可免。两弟阅之以为何如？愿各自勉。

道光十三年五月十九日

◎白话译文

我们生在天地之间，究竟能做些什么呢？兄长我常常对这个问题冥思苦想，但是对一直不能找到答案感到非常痛苦。但是人这一生决不应该随波逐流、甘为俗事，活着的时候对当时的社会没有贡

庄子塑像

献，死后你的名声在后世不能被流传，可以确定地说这样是不行的。只能这样做，我们应该去追求自强自立，勉励自己去做大多数人不敢做、不能做的事情，对上报效国家，对下振兴家族，但愿没有辜负了我这堂堂七尺的身躯。现在最需要做的事，首先就是要有休养生息的能力。庄子曾经说过："水之积焉不厚，则其负大舟焉无力。"所谓休养生息，就是庄子所说的水要深（才能承载大船）。积累的方法是什么呢？也就只有勤奋敏捷喜爱学习罢了。大概凡是贴近合乎国家政治百姓生活的学问，都要追本溯源、用心钻研透彻，做完一件事，再去做另一件事，像这样做，那么以后走入社会应对处理事情的话，或许不会遭致因自己的能力不能胜任而导致办不成事情的嘲笑，而那些愚昧狂妄的讥讽之言自然就能免除了。两位弟弟，读完信后你们认为我说的怎么样呢？希望你俩都能勉励自己。

致达源公（禀告江南旱情）

奉手谕，敬悉种切。大人福体安康，至为欣慰。江南近日天气亢旱，久久不雨，田中禾稻渐呈枯萎，乡间农夫尽力戽水，夜以继日，低洼之区尚不感十分困难，而高平区则河水已有不易汲取之势。间有因旱而更现飞蝗者，各县报荒之详禀，署中日有接到，各地方官绅深恐酿成变乱，往往设坛祈求，或且舁龙王神位于公共处所，虔诚供奉，以冀上格穹苍，沛下甘霖，其举动亦殊可哂也。闻诸瀚伯云，设再十日不雨，则境内秋收将有不堪设想者。故岳父大人对之，亦极为焦虑。京师天气迥异此间，不苦旱而苦水，何南北情形之各异，而彼苍不一为调剂之耶！男现拟于下月初携内子赴京，俟有定期，当再禀告。岳父大人身体近尚健康，嘱代为问好。

道光十三年七月初八日

◎白话译文

读完您的亲笔信，得知了近来您的各种情况。大人您的身体福寿安康，我感到非常高兴。最近这段时间江南的天气特别干旱，很

清代农具戽斗

久没有下雨了，田地里的禾苗逐渐变得枯萎了，乡间里的农夫们都尽力用戽斗（一种吸水灌田的农具）抽水浇地，不分白天黑夜地劳作，地势低洼的地方感觉还不是特别困难，但是地势高的地方河水已经出现不太容易被抽取的情况了。其中有些地方因为干旱而出现了蝗虫灾害，各县报告灾荒的详细禀告，官府衙门里每天都能接到，各个地方官吏乡绅深感担忧因旱灾而酿成社会动乱，便常常设置祭坛求天降雨，有些地方甚至把龙王的神位摆放到公共场所，虔诚地供奉神位，寄希望于感动上苍，降下大雨，这些行为举动真是太可笑了。听很多有见识的人说，如果再过十天还不下雨，那么境内的秋收将会不堪设想了。因此，岳父大人对这件事也感到非常着急担心。京城的天气跟这里相比肯定大不相同，不是被干旱所困却是因水灾而苦恼，为什么南方和北方的情况各不相同，上天却不做些调整呢！目前我打算下个月初带着妻儿赶赴京城，等到确定了详细的日期，我再禀告您。最近这段时间岳父大人的身体还算健康，他嘱咐我代他向您问好。

致保弟、枫弟（谈天道与人）

在江宁时，曾致保翼弟一函，谅已收到。江南本苦亢旱，且有飞蝗，秋收已濒于无望，乃彼苍忽于七月中旬沛然下雨甚大，垂枯之禾得此甘霖，均有复苏之势。兄离宁时，一路稻禾青挺，大有年丰希望，可见年岁之丰歉，均在彼苍之手，人力殆未易与之争也。但若一味委任诸天，而不肯尽其胼胝之劳，以图补救，则彼苍纵仁慈，恐亦不肯为援手也。古语曰：谋事在人，成事在天。吾辈做事，当知自勉。来京后，因道途跋涉，颇觉劳顿，拟休憩数日再读书。父亲大人气体甚佳，幸勿记挂。二弟近况如何，望常惠告数行。

道光十三年九月初五日

◎白话译文

在江宁的时候，我曾给保翼弟寄过一封信，想必已经收到了。江南地区本就被严重的干旱所困，而且又出现了蝗虫之灾，人们对秋收已经濒临绝望了，接着上天忽然在七月中旬降下了特别大的雨，干枯垂死的禾苗经过这场大雨的浇灌，都现出复苏的形势。我离开江宁时，一路上看到的稻田禾苗青翠挺拔，很有丰收年景的希望，所以这年岁是丰收还是欠收，都是由上天来掌控的，大概只凭人的力量是不容易与它进行抗争的。但如果一味地任由上天的摆布，而不肯付出辛勤的劳动来谋求补救的话，那么即使上天再仁慈，恐怕也不愿意伸出援手来帮助人们。古话说：“谋事在人，成事在天。”我们做事情的时候，应该懂得不断勉励自己。回到京城后，因为长途的艰辛跋涉，感觉非常劳累困顿，打算休息几天再读书学习。父亲大人的气色身体特别好，希望不要惦记挂念。二弟最近的情况怎么样，希望经常在信中写上几行告诉我。

致保弟、枫弟（论时艺之弊）

兄信刚发，弟书适至。家中大小平安，至为快慰。二弟近日读书偏重时艺，兄意殊不谓然。兄尝独居私念，秦始皇焚书坑儒，而儒学遭厄；明太祖以八股取士，而儒学再遭厄。始皇之意，人咸知其恶，焚固不能尽焚，坑又未能尽坑，且二世即亡，时间甚暂，其害尤浅。独明祖之八股取士，外托代圣立言之美名，阴为消弭枭雄之毒计，务使毕生精力尽消磨于咿唔咕哔之中，而末由奋发有为以为家国尽猷谟之献，此其处心积虑，以图子孙帝王万世之业，诚不失为驾驭天下之道，而戕贼人才，则莫此为甚。怀宗有言：朕非亡国之君，诸臣皆亡国之臣。则明祖以私学取士之制，亦且贻其子孙忧，此其制度之必须变革，诚有不容缓者矣。夫学问之道，当先端趋向，明去取。今之为时艺者，意果何所居哉！简练揣摩，无非借此以为进身之具，干禄之阶，作终南之捷径耳。使世主不由此以取士，则又将遁而之他，彼之心目中，何尝知圣人之微言大义哉！兄意，时艺既为风会所趋，诚不妨一为研究，唯史学为历代圣哲精神之所寄，凡历来政治、军事、财用、民生之情状，无不穷原竟委，详为罗列。诚使人能细细披阅，剖解其优劣，异日经世之谟即基于此。二弟其勿仅虚掷精神于无用之地，而反置根本之文学于不顾也。龙门笔法眼力迥异常人，兄前研读时，曾亲加丹黄，并有批注，兹乘海郎来益之便，托其而交，幸二弟一读之。

道光十三年十月初八日

秦始皇像

◎白话译文

兄长我的信刚送走，刚好弟弟你的信到了。家里老人小孩都平平安安，我感到十分高兴和欣慰。最近二弟读书偏重于八股文，我对此的看法是不应该这样。我曾经独处时私下里想，秦始皇烧毁了天下所有的书卷、活埋了天下的儒生，从而使儒学遭受了这样的厄运；明朝太祖皇帝用考试八股文的方式选取人才，从而使儒学再次遭受厄运。秦始皇焚书坑儒的目的，人们都知道它造成了恶劣的影响，烧书根本不能烧掉所有的书，活埋儒士又不能活埋所有的儒士，而且秦朝只延续了两代皇帝就灭亡了，时间非常短暂，这一事件造成的危害还不算深。但明太祖皇帝确立了用八股考试选取人才的制度，表面上看是有着代替圣贤说话的美好名声，其本质却是一条消灭英雄人才的狠毒计策，务必使他们把一生的精力都消耗在死板的八股文上，而最后把奋发有为作为对家国策略的谋划做出的贡献，这就是他用心险恶的地方，只是为了他的子子孙孙能一直延续他的帝王基业，这的确是一个管理国家社会的好办法，但是这样就杀害了人才、迫害了能人，再也没有比

明太祖朱元璋像

这种做法更卑鄙的了。明代怀宗皇帝曾说过："我不是使国家灭亡的皇帝，但这样的大臣都是使国家灭亡的臣子。"那么明太祖制定的用八股文选拔人才的制度，也给他的子孙们留下了祸患，这种不合理的制度必须进行变革，确实是刻不容缓的。我们做学问的方法，首先应当端正做学问的态度、把握价值取向，必须清楚哪些是需要剔除的，哪些是需要取用的。现在钻研八股文的人，他们的用意究竟是什么呢？每天练习揣摩文章，不过是把它作为获取功名的工具、获得官职的途径，当作一个终南捷径罢了。如果朝廷不用八股文来选拔人才，那他们肯定会把这东西扔得远远的而去另寻其他的途径，在他们的心中，怎么能懂得圣人那些包含在精炼语言里的大道理呢！我的意思是，写八股文已经成为现在人们追赶的潮流，完全不妨对其进行一番研究，只有史学是历代圣贤哲人寄托精神的地方，历来社会的政治、军事、财用、民生的状况，都有详细的情况和原委介绍，都详细地罗列出来。诚然如果有人能细致地阅读，剖析阐明其中的优点、缺点，那么以后经世致用的谋略就是建立在这个基础上的。二弟千万不要只把自己的时间精力白白地放在这种没有用处的地方，反而把根本的学问放在一边顾不上。龙门的笔法和眼力与普通人完全不同，之前我仔细阅读的时候，曾亲自做上了记号，并做了一些批注，现在借海郎来益阳的便利，我托他把书转交给你，希望二弟把这本书读完。

致保弟（谈读史之法）

读手书，知不以兄言为谬，且肯尽力研究史学，闻之快甚。唯读史第一须有判断，第二须有抉择。判断所以定古人之优劣，古事之正否，详察当日之情形，扫去陈腐之议论，而后判断斯不误；抉择所以定史书之价值，盖史书甚多，而皆各就本人之见解以发挥，或失之偏，在所难免，非加抉择，易为人欺。至《史记》一书，有敏锐之眼光，具高超之玄想，文笔又极其变幻不可捉摸，并足以鼓荡人之志气。彼蓄其郁勃之气，借此一泄，宜乎磅礴广大，非余子所可望尘以及者也。宜细玩之，宜细玩之。

道光十四年二月十四日

◎白话译文

读完你写的信，我知道你认为我的看法没有错误，而且愿意尽全力研究史学，我知道后感到非常高兴。只是读历史时第一点就是要有自己的判断，第二点是必须有所选择。所说的判断就是要确定古人的长处和缺点，确定历史事件的正确与否，细致分析当时的情

司马迁的雕像

况，剔除那些陈旧腐化的论断，然后做出的判断才不会出现错误；所说的抉择就是确定史书的价值，由于关于历史的书太多了，而且又都是每位作者根据自己的立场观点进行发挥，有的史书会有失偏颇，当然是难以避免的，所以如果不加以选择，就很容易被这样的观点欺骗了。直到《史记》这本书的出现，作者具有敏锐的眼光，又极具超出一般人的想象力，其文笔极尽变幻让人捉摸不定，而且足够用来鼓舞人们的志气。作者心中积聚了沉郁勃发的感情，通过这本书来宣泄这种感情，可谓是气势磅礴而广大，不是我们这些人所能达到的程度啊。《史记》这本书应该仔细地体会玩味，细细地品味吧。

致枫弟等（论士习与民风）

今之风化，每况愈下，朝多谄谀之臣，野有钻营之举，士不悦学，教失其绪，正有贼民兴、丧无日之叹。盖士习为民风之本，文章亦道德之华，世变循生，所以维礼教于不衰，扶廉耻于既敝者，皆赖读书明道之功。文教昌明，则士气蒸蒸日上，风俗所由纯焉。夫士先器识而后文艺，固不徒以宏博争长。然穷义理之精微，考古今之事变，所为文章，可通政事，使非豫养于平时，胡能致用于一朝！弟等强毅有为，幸努力于学，勿为世习所化，而反有以树乡里之先声也。

道光十四年十月初五日

◎白话译文

如今的社会民风习俗，真是情况越来越糟了，朝廷里有太多谄媚阿谀的大臣，社会上有人做出投机钻营的事情，士人们都不爱学习，教化也丧失了相应的秩序，于是有了盗贼兴起、王法丧失的哀叹。大概因为士人的习气是社会民风的本源，文章也是社会道德的

升华，如今世事变化，所以要维护礼教而使它不衰落，从已经破败的社会风气中扶正廉洁知耻的风气，这些都要依靠读书从而懂得道理的功劳。文化、教育兴盛发达，那么士人的习气就会一天比一天好，社会风气也会因而变得淳朴。那些士人们首先应该具备器量与见识，然后学习做文章，绝不仅仅是把宏大博学作为优势。而应该对经义名理的精细微妙之处穷根究底，考察过去、现在的世事变化，依据这些变化所作的文章，在政治上就能起到一定的作用，如果在平时不能做好充分的准备，怎么能有发挥所学的一天啊！枫弟你们都刚强坚毅、大有所为，希望你们在学业上勤奋努力，不要被当今的世事风气同化了，而是相反地在低俗的社会风气中为家乡的人们树立典范。

致墨溪公（禀闻噩耗之状）

前日枫弟信来，备悉伯祖父大人染病甚重，医生颇多棘手。父亲大人曾复函问候，并嘱枫弟禀承吾叔延请名医悉心调治。方冀善人天佑，勿药有喜，乃昨日胡二来，则伯祖父大人竟撒手归真，父亲大人闻之悲恸欲绝。父亲大人闲尝诏侄曰：吾与汝叔甘垣、春藻、墨溪等，读书不致分心，南北往还费用无虞缺乏者，皆赖伯祖父大人经纪之力。今骤闻噩耗，宜其心伤过度矣。自昨日起，父亲亦微觉不适，略有寒热，唯医生云病势匪重，静养数日即可痊愈。今晚谕侄南归致祭，侄以父亲疾未痊愈，拟缓数日返益，特先奉禀，余不一一。

道光十四年十二月十二日

◎白话译文

前天接到了枫弟的信，详细知道了伯祖父大人的病情特别严重，医生感觉这种情况很难处理。父亲大人曾经回信问候伯祖父大人的病情，并且嘱咐枫弟转告我叔叔邀请有名的医生仔细调药治病。当时还祈祷上天保佑善人，不用服药也能痊愈，然而昨天胡二到来，才知道伯祖父大人竟然撒手人寰了，父亲大人听到这个噩耗悲痛欲绝。父亲大人在空闲的时候曾经对我说："我跟你甘垣、春藻、墨溪等叔叔，在读书学习的时候不会分心，我们不担心南来北往的费用缺乏的原因就是都依靠伯祖父大人的经营照料。"如今，突然听到噩耗，他大概会痛心过度啊。从昨天起，父亲也稍微感觉到不舒服，略微出现了寒热的症状，只是医生说他的病情不严重，只要安静地休养几天就能痊愈了。今天晚上指示侄儿回乡祭拜，侄子我认为父亲大人的病没有完全好起来，计划晚几天再回益阳，特地先把情况禀告您，其余的事就不再一一讲述了。

致达源公（禀告中举）

此次乡试，恭逢皇太后万寿恩科，男幸中式第四十名举人。房师为零陵县知县蒲圻但公文恭，座师为刑部直隶司郎中固始王公庭兰，翰林院修撰吴县吴公钟骏。叔父墨溪公亦中副车。男自知学力不及，侥幸成名，殊深惭惶，以后益当黾勉读书，以负大人期望之殷。

道光十五年九月十四日

◎白话译文

这次乡试正赶上皇太后万寿，在特许的开科考试中，我幸运地考中成为排名第四十的举人。零陵县知县蒲圻的但文恭先生是荐举我试卷的考官，刑部直隶司郎中固始的王庭兰先生和翰林院修撰吴县的吴钟骏先生是主考官。我的叔父墨溪公也考中过乡试的副榜贡生。我清楚自己的学习能力不够，侥幸中举，感觉特别惭愧惶恐，以后更应该尽力读书，不辜负大人的殷切期望。

古代的举人形象

致墨溪公（告继祖母病逝之状）

继祖母大人患痰病已久，唯时发时愈，种种方药医治殆遍，而卒不能拔治病根，父亲时引为恨。此次春分节气，病忽大发，气逆喘作，至不能平卧。有主用洋药者，继祖母坚不欲尝试，卒致不起。父亲椎心饮血，引为大恨。然闻荪伯言，药力亦有效有不效，老年人病已深者，十八九无效也。父亲现定下月归里，侄则侍母亲仍居京师，因供职故，不能返益矣。

道光十七年三月初九日

◎白话译文

继祖母大人得痰病的时间已经很久了，她的病情只是有时发作有时病好，各种各样的药方和治疗方法几乎用遍了，然而最终都不能彻底去除病根，父亲常常因此事而深感痛苦。这次正值春分节气，继祖母的痰病突然变得很严重，呼吸困难，哮喘发作，导致继祖母不能平躺着了。有人提议用洋药给她治病，但继祖母坚决不想尝试用洋药，最终导致卧床不起了。父亲捶胸顿足、极度悲痛，心里非常悔恨。然而听荪伯说，药的作用也是对有些人有效而有些人无效，老年人的病情很严重，已经病入膏肓了，十之八九是不起作用了。现在父亲决定下个月回家乡，而我仍然要住在京城侍奉母亲，由于工作的缘故，不能返回益阳了。

致达源公（禀告为国得士等状）

前奉手谕，敬知一切。祖父大人卜葬于十九里金塘村，男曾到过，地方甚佳，前面青山隐隐，并有一湾流水，后则土阜隆然，若有依靠者。然四周所植松柏亦均挺秀异常，祖父大人卜葬此处，九原有知，当亦快慰。三月会试，荷蒙天恩派充会试同考官，榜揭晓后，得周镇南、黄梦菊、方奎炯、王沆、崔洲、刘宝楠、孙晋墀、郑芳阑、安镔、魏睦庭、熊灿奎、王衡、崇亮、梁国珍等十四人，文章均有根底，迥异时流，为国得士，男甚欣喜，大人闻之想亦欣喜也。

道光二十年四月十五日

◎白话译文

前段时间收到了您的亲笔信，得知了各种情况。祖父大人去世后，占卜安葬在了十九里外的金塘村，我曾经去过那里，那个地方特别好，前面能隐隐约约望到青翠的山岗，还有一条小河从这里经过，后面是突起的山丘，好像背后有依赖停靠的样子。然而四面种植的松树柏树也都非常挺拔俊秀，祖父大人被安葬在这里，如果他在九泉之下有灵的话，应当也会感到快乐欣慰的。三月份会试，我承蒙皇帝的恩赐，被派去作会试的同考官，榜单揭晓后，选拔出周镇南、黄梦菊、方奎炯、王沅、崔洲、刘宝楠、孙晋墀、郑芳阑、安镔、魏睦庭、熊灿奎、王衡、崇亮、梁国珍等十四个人，他们的文章都有扎实的基础、深厚的功底，跟时下流行的文风完全不同，为国家挑选出这些人才，我感觉特别高兴和欣慰，想必大人听到这些也会感到欣慰喜悦的。

古代的科举考场

致墨溪公（禀告父丧）

前奉手谕，承询父亲病势如何，呜呼，孰知父亲已弃侄而长逝耶！父亲气禀素佳，不知疾病为何事，今岁春间，积劳过甚，曾卧床十日，侄屡劝其延医服药，辄不肯，谓今之医生胡能医病，医而误，不如静养之为得计也。其后果瘳。方谓稍加摄养，即可健全，乃时又腰骨作痛，阴雨天尤甚。前月又感外邪，缠绵床第，热不可手抚，母亲侍奉在侧，衣不解带，侄亦不敢稍离左右，惧病反复。如是者一月有余，病势已渐见佳，不知因何忽又增剧，至今午而竟含笑长逝。呜呼，痛哉！而今而后，侄竟为无父之人矣！苫块之余，勉为禀覆，不尽一一。

道光二十一年五月二十五日

◎白话译文

上次收到您的亲笔信，询问我父亲的病情怎么样，唉，谁能想到我的父亲已经丢下我与世长辞了！父亲的气质禀赋平时都很好，不把疾病当作什么事，今年春天到了，他过度劳累，曾有十天卧病在床，我多次劝说他找医生看看吃些药，他就是不肯这样做，说现在的医生没有谁能给病人治好病了，请了医生治病反而会误诊，还不如安心静养这样能好得快一些。之后他果然病好了。他说现在只要稍微注意进补和休养，就能完全恢复健康了，当时又赶上腰骨疼痛，遇到阴雨天的时候会疼得特别厉害。上个月父亲又得了风寒疾病，一直是卧病在床，体温很高，身体发烫到不能用手触摸的程度。母亲在他身旁服侍照顾，整晚都不能睡觉，我一刻也不敢离开父亲身边，担心他的病反复发作。像这样的情况持续了有一个多月，病情已经渐渐出现了好的征兆，但不知道因为什么病情突然又加重了，到今天午间他竟然含笑与我们永别了。唉，我心里非常悲痛啊！从今往后，我竟然成了没有父亲的人了！在睡在草荐上、头枕着土块的空当里，我勉强向您禀告此事，详细的情况就不一一述说了。

致枫弟等（痛陈丧父之情）

嗟呼，阿兄已成为无父之人矣！罔极之恩未获稍报，父亲竟抛兄以去。嗟乎！使非兄之不德，则以父亲之仁慈长厚，宜克享夫耄耋，彼苍何竟迅夺以去耶！嗟乎，阿兄不孝之罪，不能见容于人，复何颜以再生于世耶！父亲之病，原非不可医治者，乃一再迁延，致坐误时机，欲医无及。嗟乎！使非阿兄之荒谬，又何至于此耶！现在灵榇暂停京寓，昨日母亲曾语兄，拟此间事略摒挡，即当扶柩回益，最早当在秋杪，至迟不出十月底。水路似觉陆为便，但心绪如麻，尚未决然以定也。前日庶母分娩，又举一妹，哀痛之余，敢不善为抚视，俾父亲在天之灵得稍慰藉也。余不一一，伏维珍摄咸宜。

道光二十一年六月初四日

◎白话译文

唉，兄长我已经变成一个没有父亲的人了！没有尽头的养育之恩还没有得到一点点报答，父亲竟然扔下我就走了。唉！假使不是我的德行不好，那么凭借父亲的仁慈恭谨宽厚，应该能活到八九十岁，安享晚年，苍天为什么竟然这么快地夺走父亲的生命呢？唉，我没有尽孝的罪名，不能被世人容忍，哪里还有脸面继续活在这个世界上呢！父亲大人的病，本来就不是不能治疗的，就是一而再、再而三地拖延下去，坐等病好却导致错过了最佳的治疗时间，后来想找医生进行治疗已经来不及了。天啊！假使不是我的想法这样荒谬，父亲的病又怎么能发展到这种地步！现在我父亲的灵柩暂时停放在京城的住处，昨天我母亲曾经对我说，打算把这边的事情安排妥当后，应当立即运送父亲的灵柩回到益阳，最早应当在秋末，最迟的话也不会超过十月底。走水路感觉似乎比陆路更方便一些，但是现在我心乱如麻，仍然没有最后确定下来。前天庶母生产，我又有了一个妹妹，在悲哀痛心之余，我怎敢不好好地抚养照顾，使我父亲的在天之灵也能稍微得到一些安慰了。其他情况就不一件件说了，只希望一切都应该珍重才是。

致枫弟、敏弟、仪翼弟（告为官黔省之用心）

别来诸弟谅皆康健。兄与保翼到省已久，一切幸皆安适。黔本为先严持节地，兄亦曾淹留多时，风俗夙所习闻，天下官方日趋于坏，输金为吏者，类皆择其地之善者以为自肥计。黔硗瘠之所，偏僻之境也，为人所掉首而不顾者，然兄独有取于黔者，诚以黔之官吏尚能奉上以礼不以货，以礼则知自重，不以货则知恤民，而治理庶几可冀。兄初为政，遇贫瘠之士，当可以保清白风而不致负国。当兄之将入黔也，曾躬至先人墓，誓必竭其赤忱，恪恭将事，以报知遇，苟有以一钱肥家者，神明殛之。耿耿此心，度亦为诸弟所鉴及者。唯取之焉廉，则其用之焉亦不得不靳。诸弟幸努力治事，勿谓阿兄已做官，用途不妨阔绰也。

道光二十七年十月初八日

◎白话译文

自从上次见面分别后，想必各位弟弟都身体健康吧。我和保翼到贵州省已经有很长时间了，幸运的是一切都平安顺利。贵州本来

清代贵州巡抚陈受涟绘制《皇清职贡图》三张之一：贵阳安顺的狆家子蛮

是父亲在世的时候担任官职的地方，我也曾经在这里逗留过很长时间，社会风俗习惯早就听说过，已经习以为常了，现在天下官场的风气一天比一天败坏了，那些通过金钱贿赂担任官职的人，大部分都做着挑选一块富饶的土地使自己变得更富有的计划。贵州是一个

土地瘠薄的地方，遥远偏僻的边境，是被人们掉转头而再也不回头看的地方，然而兄长我偏偏要来到贵州，的确是因为贵州的官吏们还能够用礼仪而不是钱物来对待上级，用礼仪说明他们懂得自重，不用钱物说明他们知道体恤百姓，因而治理起来或许还是有希望的。兄长我刚到这里做官的时候，遇到了一些家境贫困的能人学士，应该可以保持清白的作风而不至于对不起国家的。在我即将到达贵州的时候，曾亲自去了先祖的墓地，发誓一定要竭尽全力贡献自己的一片赤诚热忱之心，严谨恭敬地做事来报答知遇之恩，如果我有贪污受贿哪怕一文钱，神明惩罚我，五雷轰顶。我忠心耿耿，大概也是各位弟弟所学习借鉴的。只有做到清正廉洁，那么办事情也就没有做不到的。幸好各位弟弟都能努力做事，不要说因为兄长我已经做到了大官，就大手大脚地花费。

致枫弟（谈自己办案之道）

此间人士，虽甚朴愿，而性好讼，鼠牙雀角，所争甚微，然激于意气之私，宁挥霍其辛苦得来之钱，以求最后之一胜。差吏因利乘便，多方刁难，非满其欲壑则案悬而不结。案悬不结，在官府固无所损，而因之破家者则比比矣。子曰：听讼吾犹人也，必也使无讼乎？兄何人斯，敢必境内之无讼！然听讼则绝不敢稍涉偏颇。夫词讼案件，首当注意者，一为惩蠹，一为爱民。何谓惩蠹？此间自役最多，亦最为扰害地方，现拟将官役姓名人数榜示城多，仍令五人互结，取具连环保状以免逃免。凡榜上无名者，均非官役。苟有借名讹索，准乡民告发，加倍处罪。初次审问，即于呈尾批定日期，以避差传。逾限不到，势非差传不可，然必为之分别道里远近，人数多寡，事由难易，限其应得之费，一票一差，逾限而票传不到，将差分别惩处。差票内并须粘连，不准锁链，不准私押人证等条，务使乡愚一目了然，不致受混蠹之恐吓讹索。何为爱民？凡呈词将受时，或准或驳，即时批明榜示。已准者，具呈时两造均到，即为讯结。倘被告未到，查非显然犯法，不致逃匿之案，即于呈尾批令中证邻保转饬被告，定于某日某时自行赴质，并声明逾限不到，立即差传。又或原告不到，即为销案。盖可以速了，即为爱民；不遽差传，即为惩蠹。兄立志如此，诸弟如有以进教之，所乐闻也。

道光二十七年十一月十九日

◎白话译文

孔子画像

这里的士人，虽然本身都心怀淳朴的愿望，但是有喜欢打官司的风气，所争论的一般都是非常细小的事情，然而被一己的意气之争激怒，宁可挥霍浪费掉他们辛苦赚来的钱财，也要争取最后打赢官司。衙门里的差役官吏趁着这样的机会，从各种方面进行刁难，如果不能满足他们的贪欲就让案件拖延下去而不结案。案件悬而不结，对官府来说本来就没有任何损害，然而因为案件拖延久而不结导致家业破败的人遍地都是。孔子说："审理诉讼案件，我跟别人都是一样的，目的不就是使诉讼这样的事情不再发生吗？"我是什么样的人呢，不敢说我所治理的境内一定没有诉讼的事情发生，但审理案件的时候绝不敢出现一点儿偏颇。对审理案件来说，首先应当引起注意的事情，一个是惩罚罪犯，一个就是爱护百姓。所说的惩罚罪犯指什么呢？在这个地方官吏私自摊派的徭役最多，也是最烦扰危害地方的，现在计划把应该派去做官府徭役的人的姓名和人数在城乡贴榜公示，仍然让五个人结为一组，让他们签连环责任状以避免有逃跑或者遗漏的情况。但凡榜单上没有列名的，都不是官府要求做的徭役。假使有人借官府徭役的名义讹诈勒索，准许乡里百姓检举揭发，而且对其加重惩处、判罪。第一次开始审问时，就应在诉讼文件的结尾处写定日期，以避免辗转拖延。如果超过时限还没办完，情势所需非要传唤的，然而必须对具体的情况分辨清楚道路的远近、人数的多少、事情原因的难易，据此限定应该得到的费用，一次差使一张票据，超过限定的时间票据却传不到，要对传送票据的人分别进行惩罚处分。只允许用绳子把传唤来的人绑着送过来，不允许使用铁索铁链，不允许私自收押证人，务必让乡里百姓一看就知道，不至于被那些像蛀虫一样的人恐吓讹诈。什么是爱护百姓呢？就是但凡接受诉讼文件将要进行处理的时候，或批准或驳回，应该立刻批示张榜公布予以回复。已经批准接受的案件，如果送来状子的时候原告、被告都在，就应该立刻结案。如果被告没到场，经调查显然不是犯了重大的罪刑，不至于畏罪潜逃，就要在诉状的结尾批示命令与案件相关的人转告被告，确定在某天某时自己过来与原告对质，并且声明如果超过规定的期限还不到庭的话，立即派差役前去抓捕。或者如果是原告不能到庭，就应该立刻销案。大概能迅速结案，就是对百姓的爱护；不仓促地派差役传人传票，就是对那些像蛀虫一样的人的惩罚。我立志自己要这样做，诸位弟弟如果有更好的办法要教我，我会非常高兴地听取的。

清朝衙门审判案犯的情景

致枫弟、敏弟（戒勿贪图安逸）

二弟在家，闻颇好舒服，兄闻之，以为非是。人生衣食住，诚为不可缺一者，然衣仅求其暖，食仅求其饱，住仅求其安，初不必衣罗绸，厌膏腴，而处华美之室也。吾家素尚俭朴，祖父在时，年届古稀，而辄喜徒步，不甘坐肩舆。父亲亦常劳筋骨，饿体肤，不自逸豫。吾兄弟数人，虽所禀不同，然体质均尚健硕，年又值盛壮，安可甘自暴弃，放荡形体，沃土之民不材，瘠土之民向义，如之何而可忘怀耶！幸勉思所以自立，晏安鸩毒，戒之戒之。

道光二十八年四月十四日

◎白话译文

二弟待在家里，我听说他很喜欢安逸享乐，听到这件事，我认为这样不对。人们生活中的衣、食、住，的确是一个都不能缺少的，但是穿衣只要求衣服能保暖，吃饭只要求能吃饱，住的地方只要求能安身。本来我们就不一定非要穿绫罗绸缎，必须要吃丰盛肥美的食物，必须要住在豪华的居室里。我们家向来提倡节俭朴素，祖父

在世的时候，他的年纪有七十岁，却总是喜欢徒步行走，不愿意坐轿子。我的父亲也经常从事体力劳动，使身体感到饥饿劳累，不独享安逸。我们兄弟几个，虽然每个人的秉性不同，但是身体都还健康结实，又正值身强体壮的年纪，怎么能甘心自暴自弃、放浪形骸呢。在环境优良的地方生活的人很难成为人才，在艰难困苦的环境里出来的人倾向道义，怎么能把这些都忘掉呢？希望你们勤勉地思考自立自强的原因，享受安逸就像服用毒药一样，一定要注意防备啊！

致枫弟、敏弟（述为人关说之弊）

乡人黄四信来，因事被人索涉，将对簿公庭，恳为一言。兄阅之甚诧，自问生平，最痛恨者厥为关说。天下事本无不可排解者，苟能不意气之矜，而唯求退让之美，则何有于讼！既涉讼矣，则情之所在，即法之所在，孰曲孰直，司法者自有权衡，何劳旁人代为哓哓。自狡黠之民，明知理曲在己，唯恐不能幸胜，乃想入非非，冀乞灵于势。或贪其金钱之饵，或惑于情谊之私，为之奔走，为之疏通，颠倒黑白，欺骗长官，长奸民骫法之心，其罪一；授长官弄法之柄，其罪二；使理直者失法之障，其罪三。而其人之品格，因堕落至不堪境矣。故兄前在益阳时，凡有以讼事相浼者，辄逊谢不能焉。察其可以免讼者，则亦仅为排劝，使化无事而已。莅任以来，案牍盈几，讼事无虑数百，脱使一一有人关说，而唯权势者之马首是瞻，则法律直等弁髦，而含冤者又将从何处申诉耶！语曰：己所不欲，勿施于人。兄方深惧人之关说，而又为夙所厌恶者，黄四竟敢以此相干，故覆书深责之。两弟在家，讼事勿稍插身，其有以说情相浼者，万不可徇其请。助直则见憎于他人，助曲更有犯乎律法，

勉之慎之。

道光二十八年六月初二日

◎白话译文

乡里的黄四来信说，因为有事与人牵连，将被告到衙门对簿公堂，恳请我能为他说上几句话。我读完信后感到非常诧异，想想自己这一生，最痛恨的事就是替人说情了。天下本来没有不能排除解决的事情，假如我们都能不意气用事，而只追求谦让不争的美德，那就不会出现诉讼这样的事情！既然已经到了诉讼的地步，那么人情所在的地方就是法律所在的地方，谁无理谁有理，掌握法律的人自然能够驾驭衡量，没有必要让他人替他们啰嗦。那些狡猾的人，明知道是自己理亏，只是担心不能侥幸打赢官司，于是想出一些歪门邪道，希望向有势力的人乞求援助。有人贪恋他送来的钱财，有人被人情友谊的私心蛊惑，于是为他们四处奔走，帮他们疏通各种关系，混淆是非，欺诈蒙骗上司，助长了奸险小人的违法之心，这是第一个罪过；给长官以营私舞弊的机会，这是第二个罪过；使有理的人失去了法律的保护，这是第三个罪过。而这种人的品格已经堕落到令人难以忍受的地步了。所以，我之前在益阳的时候，只要有因为诉讼的事情向我求情、使我的品格有所亏欠的事发生，我就会婉言推掉不做。我审查出那些可以不必打的官司，就极力进行劝解，使这样的官司转化成完事罢了。到任以来，打官司的诉讼文件堆满了桌子，案件数以百计，如果每个案件都有来说情的人，然而我只是听从有权有势的人的指挥，那么法律简直就是没用的东西，然而有冤屈的人该从哪里申诉自己的冤屈呢？孔子说："自己不愿意要的，不要强加给别人。"因此，我才非常害怕有人来说情，而这也是我向来就讨厌憎恶的，黄四竟然敢求我办这种事，所以我在回信中深深地责备了他。两个弟弟在家，打官司的事情不要插手干预，如果有希望替别人说情的事找到你们头上，千万不能答应他们的请求。帮助有理的人会被别人憎恶，帮助理亏的人则是触犯法律的，应当勉励自己，谨慎处事。

清代审案场景

致枫弟（戒勿轻涉词讼）

接来书，悉族中人有不甚和睦者，风潮所激荡，势将爆发，或竟涉讼亦难逆料。此事兄亦早有所闻，但详细情形则尚未悉，望于下次来书中述及。唯有不能已于言者：族中人情谊虽有远近，然使推溯所自出，则固一本也。以一本之亲，有何不可情释之嫌隙，竟不可各为退让，以保和气耶！若因戋戋之费酿成讼事，则所损失岂不更巨！两方恐均不蒙其实惠也。望先为消弭，至要至要。附录近日《示禁妄控》一文，俾知词讼之有害而无益也：

词讼之累人，胜于水火。盗贼无知，乡愚为争，片纸输赢，辄费千百贯不易获得之钱钞，而上控之理，连年累月固结不解。未能忍一时之性，以致倾家荡产者，实难枚计。本府奉命来此，首以察吏安民为务，兴利除弊为心，夙夜竞竞，唯恐不及。每逢当路呼屈，必皆停骖详询，诚以志在清釐理冤，唯虑民情不达。然往往有唱名亲鞫之时，则或胪列多款，茫无所指；或牵引成案，一概株连；或告人命劫夺，而并未控于当时；或诉户婚田土，而竟不由于本县；或被犯已经问罪，而尚欲深求；或原告先已审虚，而更思翻案；或赃案俱在远年，又非切己；或重情不告正犯，反涉旁人；诞妄不根，达于极点。本府一一穷诘，无词可对，即哓哓陈诉，亦愈见支吾，此皆豪黠匪民，逞肆仇众。亦有愚顽无识，误听讼师，本府虽经宽宥于前，不能不严禁于后。为特示仰阖属官吏人等，一体知悉：恶不可长，讼则终凶。自示之后，务须恪遵法度，安守职业，息争止讼，以乐太平。若非真正含冤，毋逞一朝小忿。如有仍前妄讦，定行重究不宽。一入法网，悔不可追，各宜慎悉。

道光二十八年七月初九日

◎白话译文

接到你的来信，才了解到家族里有些人不是很和睦，彼此的冲突非常激烈，形势严重到即将爆发的地步，甚至竟要打官司也是难以预料的。我也早就听说了这件事，但是对这件事的详细情况还不了解，希望你在下次寄来的信中详细讲述这件事。只是有些话不能不说：家族里的人们在感情友谊方面虽然有远近亲疏，然而如果上溯出身的话，祖辈本来就是一家人。以相同祖辈这样的亲密关系，还有什么不能调解的矛盾，竟然不能各自退让一步，来维护家族的团结和气呢！如果因为这些小事闹到去衙门里打官司的话，那损失难道不是更大！恐怕双方都不能从中得到好处吧。希望在诉讼前先能消除矛盾，这是非常非常重要的。随信附上近来我抄录的一篇文

章《示禁妄控》，读完就能知道打官司的确是有害无益的：

打官司对人的拖累，比水火之灾更严重。盗贼无知愚昧，乡村里的百姓互不相让地争执，一点儿输赢就要花掉千百贯来之不易的钱财，然而打官司这件事，长年积累的矛盾还是不能化解。不能容忍一时的随性之争，最终导致倾家荡产的人，确实是不计其数的。本官奉命到这里，首先是把考察官吏、使百姓生活安定作为第一要务，把兴利除弊作为中心工作，我日夜都小心谨慎地做事，唯恐自己做得不够。每当遇到在路上拦路喊冤的人，我必须都要停车下来详细询问，我痛下决心一定要清除污吏、为有冤的人申冤，只是担心不能达到百姓的意愿。但常常是在审理案件的时候，要么是罗列许多事情，茫然无所指；要么把那些有关、无关的人和事都牵到案件中，全都纠缠连结在一起；或者是有关人命抢劫的案件，但并没有在当时提出控告；有的诉讼是关于家庭婚姻土地财产，却不在本县的范围内；有的是被告犯已经得到了应有的惩罚，而还想对其进行更严厉的处罚；有的是案件早就审定了，反而想翻案重新再审；有的是案件里的人和事都是很久以前的，跟原告自身又没有太大关系；有的是案情比较严重，却不起诉主犯，反而控告一些无关紧要的人；有的案件是荒诞不经到了极点。我一一追根究底地查问，却又无话可说，尽管能坚持己见啰嗦地陈述理由，但也越发显得支支吾吾，这都是一些奸险小人，为了自己的意愿肆意与众人为敌。也有一些愚昧顽固、目光短浅的人，听信了讼师的误导，我虽然对其之前的这些过错不再追究，但不能不在以后严令禁止。因此特地告示上下各级官员差役都要明白：不能助长歪风邪气，诉讼最终都不会有好结果的。从这次告示之后，一定要严格遵守法律、制度，安分遵守职业道德，停止争执起诉，乐于享受太平盛世。如果不是真正有冤屈，就不要逞一时痛快。如果还有像前面所提到的那种无中生有的诉讼，必定要从重追究绝不宽恕。一旦落入法网，后悔可就来不及了，大家应该谨慎了解。

清代监察司法官员穿的补服上绣有“獬豸”

致枫弟（关于四姐夫家事）

接阅来信，至为愀然。四姐夫家，前年因迁居乡间，丧表姐安真，今又丧表弟怀琪，四姐夫夫妇纵擅自达观，老怀必为之不豫矣。怀琪表弟姿质极佳，且沉静用工，做事又有条理，似非无寿者。乃弱冠年华，遽赴修文之召，伤哉！此次五七，赙仪宜较前为重，并望亲到姐夫处善为劝慰之。

道光二十八年九月初四日

◎白话译文

接到你的来信，读完后我感到特别忧愁苦闷。四姐夫家，前年因为搬到乡下居住，安真表姐去世了，现在怀琪表弟又去世了，虽然四姐夫夫妇对这些事表面上能看透想开，但他们心里一定会因此而悲伤难抑的。表弟怀琪的天资气质非常好，而且性格沉稳文静专心做事，办事很有条理性，好像不是那种短命的人。正值二十岁的花样年华，竟匆忙离世，实在是令人痛心啊！这次是五七（人死后三十五天所举行的一种祭奠仪式），所送的礼应该比之前的要重一些，并且希望你亲自到姐夫家里好好劝告安慰他们。

致枫弟（主事宜以俭字垂范）

保弟在此极佳，每遇疑难事，辄相商酌，故不致闹出笑话。兄初到仕途，惧鲁莽足以偾事，常小心翼翼，以慎字自勉。吾弟在家主持一切，望以俭字示范子侄辈。吾家虽非富有，而子侄辈眼见繁华，难保不为习俗所移。若常常以奢侈相戒，庶不致吃惯穿惯用惯，养成惰民也。

道光二十八年十月初八日

◎白话译文

保弟在我这里表现非常好，每次遇到疑难的事情时，就会找我商量一下，所以也不会闹出什么笑话。兄长我刚走进官场的时候，担心自己鲁莽会影响了重要的事情，做事时常常是小心谨慎，用谨慎来勉励自己。弟弟你在家里经管所有的事情，希望你用勤俭给晚辈子侄们树立一个典范。我们虽然不是富裕之家，但是晚辈子侄们所看到的都是荣华富贵，难以保证他们不会被世俗的风气改变。如果我们经常用奢侈浪费告诫晚辈的话，大概不会导致习惯地吃、穿、用，变成懒惰的人了。

致枫弟（告拟清乡一事）

此间汉苗杂处，盗匪充斥，白昼亦胆敢聚众抢劫，行旅咸为戒严。兄现拟亲自带勇下乡，严密搜剿，务使巨魁克歼，以安人心。或有尼兄此行者，兄则谓不入虎穴不得虎子，危险不暇计也。

道光二十八年十月廿二日

◎白话译文

这个地方汉族和苗族杂居在一起，强盗悍匪到处都是，即使是在白天也敢大胆地聚集一伙人抢劫掳掠，行路游览的人都要严加防范戒备。现在兄长我打算亲自带领士兵到乡里，严密地搜查围剿，一定要战胜消灭盗匪头目，来使百姓的心安定下来。有人劝告我不要亲自去做这件事，我就这样对他说，不进入老虎的洞穴怎么能抓到老虎的幼崽呢，即使存在危险，我也没时间考虑那么多了。

胡林翼像

致枫弟（谈一有趣之案）

昨日审一案，颇有趣味，爰为弟等告。有刘文德之子名小六者，偶至镇上，遇一疯狗。小六来知其疯也，戏投以石。狗痛，狂嗥，小六惧，走入谭三店中，奔赴其门。而狗亦追踪至，啮其腿，坚不放，血殷然而出。谭三与其徒见状，大愤然，共椎杀狗。小六归家后，即从事医治，然因毒气太猛，逾月即毙。小六之母，痛子惨死，遂诬谭三为狗主，以纵狗杀人，来控于兄处。兄廉得其情，不觉失笑，乃为之批云：“疯犬啮人，与主何预？况犬固无主者乎！且犬虽啮人，使非疯，亦不至于死。死小六者，乃疯之罪，犬尚不预也。奈何妄人入罪，岂欲择肥而噬人耶！况疯犬啮人，谭三与其徒共椎杀之，犬之无辜，谭且有功，不德之而反控之，纵因痛子情深，未免好人不识，岂反欲为犬复仇乎！颠倒是非，不分皂白，一至于此，可恨，亦复可笑。姑念蠢妇无知，逐出不究。”诸弟阅之，当亦为之哑然失笑。

道光二十八年十一月十五日

◎白话译文

昨天审理了一桩案件，我感觉非常有趣，现在讲给弟弟你听听。刘文德有个儿子名叫小六，一次刘小六到了镇上，遇到了一只疯狗。小六本来知道那是一条疯狗，就扔石子耍戏它。那只疯狗被打疼了，就疯狂地嚎叫起来，小六有些害怕，就跑到了谭三开的店铺，直奔到店门口。然而那只疯狗也追赶小六来到店铺，一口咬住了他的腿，紧紧咬住不放开，他的腿一下子流出了很多血。谭三和他的徒弟看到这种情况，感觉非常气愤，他们就一起把狗打死了。回到家后，小六就立刻找到大夫治疗腿伤，但是因为中毒非常深，过了一个月就死了。小六的母亲，对儿子的惨死感到非常悲痛，于是诬告谭三就是狗的主人，以故意把狗放出来杀人的罪名，控告到我这里。我知道了具体情况后，觉得这事太可笑了，于是给她的批文说：“疯狗咬了人，与主人有什么关系呢？况且这条疯狗根本就没有主人啊！而且狗虽然咬了人，假使狗不是疯的，也不会致人死亡。导致小六死亡的原因，就是疯的罪过，那条狗都没有预料到。为什么你要冤枉别人说是他的罪过，难道是看到他富有就想敲诈人家吗？况且疯狗咬了人，谭三和他的徒弟还一起打死了那条狗，狗已经服罪而死，而且谭三是立下功劳的，你不感激他而反过来控告他，即便是因为失去了儿子而深感悲痛难过，但未免太不识好人心了，难道

你想反过来为那条狗报仇吗？是非颠倒，不分青红皂白，以致到了这种地步，的确是可恨，也更可笑。姑且考虑你这愚蠢的妇人太无知，我就把你赶出去不追究你的错误了。”各位弟弟读完之后，应该也会对这件事哑然失笑吧。

致枫弟（谈荐人宜慎重）

前奉一书，力述说情之非，兹复对于荐人一事，有所感喟。夫吾人欲于社会上有所建树，自不能离绝群众，独辟门户。倘确有一艺之长，而可为地方上尽力者，即当荐举唯恐不及。曩在益阳，与朋侪偶谈邑事，辄苦无人可资臂助。唯现闻有某某者，歆于金钱之欲望，利子爪牙之散布，如淳于之日见七士，荐条纷纷，直令受者为难。兄意荐人非真正不可，然当审其一己之能力，及夫四周之情势，而后所荐贤能，可免美锦学制之诮，地方亦可蒙其福，若不择人而滥举也，则鸡鸣狗盗依附杂沓，而自好之士反将避去，稍有气节稍有才能者，羞与哙伍，更入山唯恐不深，入林唯恐不密矣。此岂桑梓之福哉！弟等在乡，幸勿滥作曹邱，致为人所吐骂。若有来干者，婉辞谢之可也。兄迩日稍有不适，服药数帖即瘳，勿念。外附款若干，祈交鹤鸣兄。余不一一。

道光二十八年十二月十四日

◎白话译文

前段时间我给你寄过一封信，着重讲述了给人说情的害处，现在我对推荐人才的事，又有一些感慨了。如果我们想在社会上做出贡献、建立功名，自然是不能脱离群众、独立门户的。倘若的确是具有一技之长，而且能为地方上做出自己贡献的人才，我们就应该马上推荐，唯恐推荐晚了。过去在益阳的时候，有时和朋友偶尔谈论乡里县里的事情，总是因没人能伸手帮忙感到苦闷。只听说现在有某某人，挥金如土、仗义疏财，下面的朋友、帮手到处都是，就像淳于先生每天召见七个士人一样，举荐的纸条像雪片一样多，真

淳于髡像

是让收荐条的人感到为难啊。兄长我的想法是，推荐的人没有真才实学是不行的，当然不仅要考察他本身的能力，还要看他的其他情况，然后所推荐的人要贤德、有才能，这样就能避免把官职交给才能低下的人的弊端，地方的百姓就可以得到福音了。如果不挑选人才而胡乱推举，那么鸡鸣狗盗的人就会杂乱地混在里面，而那些洁身自好的人才反而会躲避离开，因为稍微有些气节和才能的人，都把与平庸的人为伍当作羞耻的事，更担心的是躲入的山林不够深，隐居的地方不够隐蔽。这哪里是家乡百姓的福音啊！弟弟们在家乡，千万不要堕落成像曹邱（秦末汉初人，专门结交权贵，并因此炫耀）那样的人，导致被人侮辱唾骂。如果有人来求情，婉言推辞就可以了。近来兄长我稍微感觉有些不舒服，用了几帖药就好了，你们不必挂念。另外，我附带一些钱，希望转交给鹤鸣兄。其他的事情就不详细说了。

致仪弟（劝勿作弃世之想）

吾弟以盛壮之年华，忽作弃世之议论，此大不可者也。吾家世受国恩，固不容不力图保称。即以吾弟而论，寡母在堂，其所希冀者，唯吾弟之腾达，有以慰藉之耳。倘竟离尘绝世，决然遁迹，又将何以对寡母？抑亦计之左者矣！

道光二十八年十二月十五日

◎白话译文

弟弟现在正是体力旺盛健壮的大好年华，不要说那些放弃厌世的话，这是万万不能的。我们家族世代蒙受国家的恩情，必定不能容忍不尽全力保家卫国的人。即使从弟弟你现在的情况来说，父亲过世，母亲仍在，她最希望看到的，也就是弟弟你能飞黄腾达，只有这样才能给她一些安慰吧。假使你选择逃离尘世、与世隔绝，无情地失去了踪迹，那么你将把什么留给孤苦伶仃的母亲呢？抑或是你的这些想法很偏激啊！

致枫弟、敏弟（谈贵州插花地之弊）

贵州境内，地多插花，此间尤甚。所谓插花者，其情形约有三种：如府厅州县，治所在此，而所辖壤土乃隔越他界，或百里而遥，或数百里之外，即古所谓华丽之地也；又如二壤本属一邑，中间为他境参错，仅有一线相连，即古所谓犬牙之地也；又如一线之地插入他境，既断而复续，已续而又绝，绵绵延延至数百里之遥，即古所谓瓯脱之地也。而贵州所以多插花者，其故又有三：贵州之郡县，一因乎明之卫所，一因于元明之土司，一因剿抚蛮苗所得之土田。明之卫所，本以屯田为实壤，而屯田亦有星散四出之地，国初诸公徒取其城市相近者即并为一邑，未暇一一清厘，所以州县地多插花，其弊一也。土司之壤，或承自唐宋，或创于元明，历世既久，彼此侵夺，本非划一之规，及其献土也，则举所有而归之于州县，不暇一一为之分晰，其弊二也。征讨之法，或用雕剿，则平一姓而兼平数姓之人，招降之利，必联族类，则降一寨而兼降数寨之人，当其创制州县，辄以一时所获田土归之邑，其弊三也。三者之弊，皆因勘定乱略之时未暇深考，而其流弊乃百出而不穷。

其弊之最切近者，如插花地本有离本治二三百里，而离他治未百里或十数里者，民之输将也，不于其近，而于其远，期会不时，资斧既竭，远来负米，劳费可矜，士之应试，其弊亦然。命案藉远地而迟延，盗案因交界而推诿，姑无论矣。即寻常词讼，牵连他属者十之四五。辗转关移，百无一是，官之所谓小事，即百姓之所谓大事，羁候日久，既无以恤其货财，证佐不齐，又无以剖其曲直，历数年而不见一官，历数官而不得一审，往往酿成大案，此其不便于民也。肘腋之下，皆他境之民，卧榻之旁，悉他人之地，其所应教训者，应整饬者，应修明者，应捕逐者，皆在数百里之外。府厅州县号为亲民之官，欲其出入可见，咨询易及耳，乃所亲者在远，而所不亲者在近，纵有留心民瘼之良吏，亦限于闻见，而莫可如何，追呼不便，公事掣肘，此其不便于官也。然亦有所甚便者，则刁劣之生监与扰害之棍徒耳，而盗贼为尤甚。盗贼成群结党，必在插花之地，纠察之所不及，摘发苦于所难，吏胥以别境为搪塞之词，州县以关移为迁延之计，即有一二任事之员，遵奉道光二十年申明圣训，不分畛域，而平日之耳目不习，即临时之呼应不灵，户口厄塞，非其所知，乡约寨头，非其所辖，则越境捕盗之难也。其狡黠大盗，甚则结交各属吏役，此邑见捕，归于他邑，捏情希脱，贿弊多方，漠不关心者既涉因循，因以为利者更虞袒纵，是又公文关系之无益也。

凡此各弊，相沿已久，而官吏不敢轻言更张者，则恐吏胥之因缘为奸，更恐州县之肥瘠不定耳。然使官不扰民，自为经理，就疆域之形势形便而截长补短，即钱粮之会计而益多裒寡，不更易州县之名，不增减粮赋之数，则民情当必帖然，而吏治实为大便。故兄现与保弟先就此安顺一县，细为调查，何处割裂太甚，应为并合；何处大势相连，可以团叙，一一比较，力求惬当，务使彼此移易，归于至妥，而后妥拟章程，禀请上台咨部改拨，以正经界，以便官民。至于能行与否，则非所逆计也。

道光二十八年十二月十九日

◎白话译文

在贵州境内的很多地方都有插花，这里情况尤其严重。所谓插花，大致有三种情况：比如府厅州县这样的地方，管辖治理的衙门在这里，但是所管辖的地区竟是另一个地方，有的相距百里远，有的则在数百里之外，就是古代所说的华丽之地；又比如两块土地本来属于同一个县，中间却被其他州县的边界交错相隔，仅有一条狭长的线连接着，就是古代所说的犬牙之地了；又比如狭长的一线之地插入其他州县境内，这种狭长的土地好像已经断了然而又接续着，像是已经接续却又断绝，弯弯曲曲绵延数百里之远，就是古代所说的瓯脱之地。而贵州这个地方之所以出现很多插花的情况，其原因又有三个：贵州的郡县设置，一是因为明代设立的卫所制度；二是因为元代和明代遗留的土司制度；另一个原因就是围剿招抚苗族叛乱所得到的田地。明朝的卫所制度，本来是要用屯田来充实辖地，然而屯田也有零星散乱分布在各地的，开国之初各位大臣只是把那些相近的城市合并为一个县，没抽出时间一一进行清理，所以各个州县的土地存在很多插花的情况，这是弊端之一。土司（一种职位）所管辖的土地，有的是从唐代宋代传承下来的，有的是在元朝明朝时开创的，经历的时代已经很久了，彼此之间相互侵占争夺，本来就不是整齐划分辖地的方法，等到把土地收归国家的时候，就把他们管辖的所有地方交给州县官府进行管理，没有时间对它们一一进行明晰的划分，这是第二个弊端。征讨叛乱的方法，有的用雕剿（即模仿老鹰捕食之势，摸清情报，选准时机，带领军队迅速出击，以图一举成功，得手后迅速撤离）的方法，这样平定一个地方从而（可以）平定几个地方，招降的好处就是必定把他们同族的人联接在一起，那么一个寨子投降了，而其他几个寨子也都投降了，当为他们创制州县的编制时，都会把当时所获得的土地划归为这个新创的州县，这是第三个弊端。这三个弊端，都是因为平定叛乱的时候没有时间对这个问题进行深入的考虑，因而那些相沿下来的弊端就会层出不穷了。

这种弊端最严重的是，比如插花的地方本来离自己所治理的地方有二三百里，而离其他治理的地方不到百里或者几十里，百姓要缴纳粮款，不能去离得近的地方，反而要到离得远的地方，如果遇到不好的时候，钱粮柴米已经用光，从远处背来的柴米、消耗的钱财确实很多，士人去参加考试，这样的弊端也是存在的。发生的命案因为距离太远而被拖延，盗窃案因为地处交界而各地的衙门间互相推诿，姑且不谈论这些了。即使是一般的诉讼案件，与其他辖地相关联的有十之四五。辗转交接之后，上百件事情却没有一件事能办成的，在官府看来是小事，而对百姓来说就是大事，停留候审的日子太长了，既然没有赔偿他们的钱财，证据也不齐备，又不能剖析判断案件的是非曲直，好几年过去了而不能面见一位官员，经历了几任官员却不能审理一桩案件，因此常常酿成了重大案件，这对百姓来说是非常不方便的。周围的百姓都是其他州县的百姓，周围的土地都是其他州县的土地，那些应该教育训诫的地方，应该整理整顿的地方，应该弘扬文明的地方，应该追逐抓捕的犯人，都在好几百里之外的地方。省市州县里号称是亲近百姓的官员，想看到所管辖地方的百姓出出进进，想要咨询的事情能比较容易听到，但是应该亲近的人竟在遥远的地方，而不应该亲近的人却在身边，即使有关心百姓疾苦的好官吏，也只能局限于听说知道，而没有任何办法。追捕传唤很不方便，公事受到干扰难以进行，这是对官府的不方便。但也为某些人提供了方便之处，那些品性恶劣、侵扰危害百

姓的棍棒之徒，而以盗窃抢劫的行为最严重。盗贼团伙结党的地方，一定是在插花之地，纠察力所不能及的地方，揭发由于困难重重而很难办到，办事的官吏用别人管辖的地方作托辞拖延，州县的衙门用关押转移的计策来拖延，即使有一两个能承担责任的官员，遵照道光二十年所颁发的训示，不分管辖地域，但平常办事的人都没有做过事，事到临头的时候却很难有效指挥，消息闭塞，很难清楚明白，各个村寨订下约定，不是衙门管辖的，就要越过管辖的地区追捕罪犯是非常困难的。一些狡猾的盗贼甚至与各级官吏结下交情，他们在这个县被追捕，就逃到其他乡县，捏造案情希望摆脱罪责，同时对相关的人进行贿赂，对此漠不关心的人会用旧例推托，借此机会想从中获利的人更想袒护放纵，这对公对私都是没有益处的。

所有这些弊端这样沿袭下来已经很久了，而且官员们不敢轻易提出改革，就是因为担心官吏们狼狈为奸，更害怕各州县的贫富程度不能确定。那么如果官府不打扰百姓，让百姓自我管理，根据边境地域的地形地势取长补短，根据钱粮的统计数据增加减少，不更改州县的名称，不增减粮食赋税的数目，那么民情一定会和顺，而官吏的管理确实更方便了。所以，现在我和保弟先对安顺这一个县进行细致的调查，哪些地方被分割得太严重的，就应该进行合并；哪些地方从整体形势看是连接在一起的，就可以放在一起办，分别进行仔细的比较，努力争取恰当处理，务必使情况有所改变，最终达到妥当的程度。然后写好妥当的章程，禀告上级部门讨论修正，使边疆地界明晰，方便地方官吏和百姓。至于能不能贯彻实行，实在是难以预料的。

道光皇帝像

致雄侄（谕当自立）

侄今年将十六矣，成丁之岁，当知所以自立之道。若一味倚赖父兄叔伯，鲜衣怒马，驰骋街衢，无知者羡焉，识者则非笑之矣。侄为儿时，吾曾以方字授侄，琅琅上口，于是知侄之资质甚佳，其勉图上进，为家族光。

道光二十八年十二月十九日

◎白话译文

侄儿今年已经十六岁了，是成年的岁数了，应该懂得人要自立的道理。如果一味地依赖父亲兄弟叔伯，穿着艳丽的服装骑着骏马在街道上奔跑，无知的人会羡慕你，懂道理的人会嘲笑这种行为。侄儿你在小的时候，我曾经教你读书，你读书时声音洪亮、通顺流畅，于是我知道侄儿你的先天资质特别好，希望你能奋发图强、积极上进，为我们家族争得荣耀。

致蕊轩叔（禀呈治疟之法）

前枫弟信来，悉吾叔近因疟疾，精神颇萎顿。此病医治得法，三四次后，本可即愈，然使医治不加审慎，则纠缠不已，最足困人。譬如家奴做贼，驱逐外出，原无大损，养而不去，为害斯烈矣。吾叔患病既久，不容更忽，署中有以截疟药嘱为转奉者。据云已屡试屡验，吾叔盍一试之？谚云：丹方一味，气死良医。服后竟能使疟鬼退避三舍也。

道光二十八年十二月十九日

◎白话译文

前段时间枫弟寄信给我，告诉我叔叔您近来因为感染疟疾而精神有些萎靡不振。如果这种病治疗得当，三四次后本来是能很快痊愈的，然而如果医生不能治疗谨慎一些的话，这种病就会拖延太久不愈，最令人困扰难受了。正如家里有佣人偷了东西，马上赶出家门就不会造成很大的损失，但是如果养在家里却不离开，那样造成的危害就非常惨痛了。我叔叔生病已经很久了，千万不能忽视这种病情，我所在的官署中有人特地送来了专门治疗痁疾的药方。据说是已经试过很多次了，效果非常好，我叔叔为什么不试一试呢？有谚语说：“一味好药方，气死一位好大夫。”使用这个药方后，就能使痁疾退避三舍了。

致枫弟（劝调处族人之争）

家人胡根来，读手书，知家中五宅平安，侄辈读书，亦能有恒为慰。吾弟因族人失和，调解无效，颇为忿忿，宣言不愿再预闻，此实大可不必。此事所争者，名为析产不均，然不均之数，估计仅有百金，双方岂皆少此百金者，乃竟各不相下，至于无法调停？兄意此必有人从中作祟，向双方播弄唇舌，使堕入彀中，以便于中取利。夫使所争为利，则一经涉讼，所需岂止百金？倍之亦未可知。败者固无所取偿，胜者亦岂能入囊？此其为计，殊属太左。若不为利而为意气，即不推一本之谊，而互相退让，而再度相争，岂非愈结愈深？辗转相报，又何时可了？吾弟既已预闻，望再明白症结所在，从事调处，即稍受委曲，亦属无妨。事了后，双方必皆感激不置，否则对簿公庭，弟亦不能不预，不能不闻也。

道光二十八年十二月廿三日

◎白话译文

家里人胡根到我这儿来，读完你的亲笔信，知道家里所有人都平平安安，侄儿们都在读书，看到他们能持之以恒地学习我倍感欣慰。因为家族里的人有矛盾，弟弟你尝试调和解决都没有奏效，对此感到非常不满，甚至发誓说再也不想干预家族里的这些事，更不想了解详情，这样做确实没有必要的。这件事双方争论的焦点，名义上是因为家产的分配不公平，然而分配不公的数量，估计也只有一百多两银子吧，双方怎么会都缺这一百多两的银子，于是竟各不相让，甚至到了无法调解的地步呢？我猜测这件事一定是有人从中搞鬼，向两方的人挑拨离间，使他们都掉进早已设好的陷阱中，这样就能从中获取利益了。如果他们是为了金钱利益而争论，那么一旦到了进衙门打官司的地步，需要花费的钱财哪里是一百两银子呢？说不定会是这个钱数的几倍啊。官司打输了的人肯定是什么也得不到，即使是赢了官司的人也很难接受这样的结果吧？如果这样做的话，实在是太过了。如果他们能不为金钱利益，而是看在亲戚的情分上，即使不论同亲同族的关系，双方都能退一步、谦让一下，然而再次因为纠纷彼此争吵，彼此结下的怨气难道不就越来越深了吗？就这样你争我吵、互相抱怨，什么时候才能有个了断呢？弟弟你既然已经参与并知道了这件事，希望你能找到问题的根本原因，好好进行调解处理，即使受点儿委屈，那也没什么关系。这件事情结束后，双方的人必定都会对你感激不尽，如果不这样就会把事情摆到公堂上去，弟弟你也不能不参与、不能不知道这件事。

致敏弟（赞成办义学）

久不接来信，正驰念间，黄安来，始悉近状佳胜，义学之设尤惬吾意。大凡人生最苦者莫苦于欲学而无从，富贵家子弟藏书万卷而不肯读，寒苦者有志研求而无力以致书，此亦不平事也。吾弟悯念寒畯，特设义学，聘请名师，分给书本，予以知识，而不责其偿，每季之末，试列前茅者，并奖以膏火，此其用心可谓周挚。吾家自乡贤公以下，无不竭力提倡读书，弟今又推己及人，能继先志矣。尤望持之以恒，行之以毅，使功效不仅在一时也。

道光二十九年一月十二日

◎白话译文

好久没有收到你的来信了，正在想念你的时候，黄安来了，我这才知道了你近来的状况非常好，开设免费教育的设想特别符合我的心意。一般来说，人生最痛苦的事情莫过于想学习知识却没有可以跟从学习的老师，富贵人家的后代，家里收藏了上万卷的好书却不愿意阅读，家境贫寒的子弟有钻研、追求学问的志向却没有能力买到书，这也是一件不公平的事啊。我弟同情考虑到读书人家的贫困，特地设置了免费教育，花钱为他们聘请一些有名的老师，给他们分发书本、教授知识，却不要求他们回报，每个季度末，在考试中名列前茅的人，还会奖励给膏火，这种用心真的可以称得上是周到且诚挚的。我们家族中的所有人，从乡贤大人以后，全都是竭尽全力地倡导读书学习的，现在弟弟你又把学习从自己推广到他人，完全是继承了祖辈先人的志向了。特别希望你能持之以恒、坚持不懈地做下去，使这件好事起到的作用不只是一时半会儿啊。

致枫弟（谈不姑息盗贼）

此间汉苗杂处，盗贼充斥，烧香结会，有冒顶大五小五名色，聚众抢劫,行旅戒严。兄因其为害闾阎,未便再事姑息,特亲自下乡，悬重赏督捕，计获首犯黄老广、余饶、方贵等三百余名。地方士绅，颇有主将巨魁斩决，余盗略予惩治。兄则力持异议，以为自古巨奸亡命啸聚潢池,其初皆害于地方官之不忍。《易》曰履霜坚冰至,《诗》曰相彼雨雪，先集微霰。慎始之说也。火始然而救之一杯可灭也，水未决而防之一壤可塞也。若至燎原势成,滔天灾遍,则事不可为矣。故遇强劫大盗,而犹百计以图保全其生命,以为阴骘,此妇人之仁也。夫纵之而果能洗心革面，迁善改过，则犹可说也。若纵之而仍复舍家劫舍，是生一二奸恶，而反使千百生灵受其荼毒，如之何其可也?黄、余等积年巨盗，犯案累累，非加重刑，曷足以惩强暴，安良民?故不能擒获则已，一经擒获，唯有尽法严办而已。现在黄、余等已处决，余亦尽法惩治，盗案为之锐改。刑乱用重，古人不我欺也。

道光二十九年一月十九日

◎白话译文

我在的地方是汉族和苗族杂居在一起的，强盗土匪到处都是，他们烧香结成组织，有的还冒充大五、小五的名号，聚集在一起进行抢劫，行人旅人都严加防范。兄长我因为他们这些人危害乡里的百姓，不能错过机会再对他们容忍姑息了，于是特地亲自去了乡里，悬赏重金监督抓捕盗贼土匪，总计抓捕了罪犯头目黄老广、余饶、方贵等三百多人。地方的一些士人乡绅，大多数都赞同对主要的罪犯头目斩首处决，其他的小偷小盗稍微进行一些惩罚治理就可以了。兄长我却坚持不同的意见，认为自古以来大奸大盗亡命天涯、啸聚山林，刚开始的时候都是由于地方官吏不忍心铲除。《易》书中说："踩着霜露行走，时间长了就会变成坚硬的冰块。"《诗》上面说："天要下雨、下雪之前，都是先集中微小的雾水。"这就是面对起初的情况必须谨慎的道理。火刚开始着起来的时候，救火的话用一杯水就能够把它扑灭了；在洪水还没决堤之前，为防止决堤只用一点点土就能堵住了。如果等到情况变得严重了，火势变成了燎原大火，遍地都是洪水滔天，那么再去挽救就已经来不及了。因此，如果抓到了抢劫的大盗，却仍想法设法地保全他们的性命，把这当作积累阴德的话，这就是妇人的仁慈了。如果放掉了匪首，他果然能够洗心革面、重新做人，向善良的方向转变，改正过错，这还勉强能说得过去。如果放走之后他依然会离开自己的家去抢劫别人家，这等于是让一两个犯罪的恶人活着，反而让千千万万的百姓遭受他们的毒害，这样做怎么可以呢？黄老广、余饶等人常年盗窃，犯下太多的罪刑，如果不用重刑惩罚，怎么足够惩戒那些强盗暴徒来安抚百姓的心呢？所以，我认为如果是没有抓到也就算了，只要是被我抓获的强盗，只能严格按照法律处理罢了。现在黄老广、余饶等人已经被处决了，其他的罪犯也都按照法律进行惩罚处治，这里的偷盗抢劫案件因此而大为改观。社会太乱就必须用重刑进行治理，古人还是没有欺骗我啊。

清朝海盗正法图

致雄侄（过而能改前途无量）

近闻侄渐知所为之非，痛自改革，并有误交匪友，致为所累云云。足见侄所秉之佳。人非圣贤，谁能无过？贵在能改耳。侄能自稔其过，亦吾家积德之所致也。今而后敛才就范，勿尚意气，事事必衷于是，事事不自以为是，则前程远大，正未可限量也。企予望之。

道光二十九年一月十九日

◎白话译文

近来我听说侄子你逐渐认识到了以前自己行为中的错误，而且自己痛下决心改正，并提到曾经误交了朋友，导致被他们拖累等等。从中足可以看出侄子你的本性秉赋是不错的。人不是圣贤，谁能没有过错呢？最可贵的一点就是知错而能改。侄儿你能深刻地认识到自己的错误，也是我们家累积而来的德行造成的结果啊！从今往后你要收敛自己的锋芒、向典范学习，不要还意气用事，做任何事时都必须这样，做任何事情的时候都不要自以为是，那么你一定会大展宏图，前途无量的。我希望你加倍努力啊！

致枫弟（官场办事之道）

安顺府篆业已交卸清楚。本拟回里一行，省视高堂，并与弟等一叙天伦之乐，唯已奉有接署镇远命令，为期已迫，不获如愿。官场办事，似难而不难，似易而不易。上有奥援，下多联络，则所作所为苟不至于大逆不道，总可敷衍过去，此似难而实不难之说也。然使孤立无助，或得罪长官，则一经挑剔，便种种留难，求留不可，求去不可，处境正是困苦，此似易而又不易之说也。黔本为先人旧游地，阿兄做事亦不肯稍事荒唐，故此次交代甚觉顺手。镇郡闻盗风甚炽，治理较安顺为难，然阿兄素不畏难，决计前往一试也。家中情状，望常示知，至嘱。

道光二十九年三月初五日

◎白话译文

我已经把安顺府的公务之事交接清楚了，本打算回家乡一趟，看望父亲母亲，并且跟弟弟们一起述说天伦之乐，但是我已经接到了接管镇远的命令，时间变得非常紧迫了，不能实现回家的愿望了。

在官场上做事，看起来似乎很难，但其实并不难，看起来似乎很容易，但其实也并不容易。在上面有人照顾帮助，与下面的人维持良好的关系，那么如果你的所作所为到不了大逆不道的程度，就总是能找到敷衍过去的办法，这就是看起来似乎很难而实际上并不难的说法。然而如果你很孤立没人帮助，或者得罪了上司，那么一旦被挑剔指责，就会有各种各样的责难，恳求留下来却不被允许，要求辞职也不被答应，那种处境真是非常困苦的，这就是看起来似乎容易但实际上又很难的说法。贵州本来是祖辈先人过去担任官职的地方，兄弟我也不愿意马马虎虎地做出违背常理的事情，所以这次办理交接事宜感觉非常顺利。我听说镇江这里偷盗的风气特别严重，治理起来比安顺要难一些，但是兄长我从来就不害怕遇到困难，下定决心打算到那里尝试治理一下。家里的情况，希望你能经常写信告诉我，一定要记住。

安顺府的文庙

致枫弟（到镇远情形）

镇府昨晚到，今晨接篆。前任冯令亏空殊巨，兄念其因公，亦不为已甚。冯令慨然谓兄曰：予年已逾花甲，家中有一老母，龙钟不堪，有子不肖，以致拚此残躯，在三千里外谋衣谋食。此间人民强悍，匪盗出没无常，抢掠烧杀拒捕等事，司空见惯，不足为异。余老矣，何能胜此重任？以致被撤，撤惩当也，何敢怨，唯此后生活，又将何以维持耶！言下唏嘘。宦海中正不知有多少人若此，冯翁情状，为之喟然。兄在此间多则一年，少则五月，然京兆之念所不敢存，做一日官尽一日力，不敢潦草塞责，亦不敢粉饰欺人，上以贻君父之忧，下以玷先人之辱也。保弟近日思想敏绝，办事干练，兄每当棘手之处，辄引彼借箸，现亦在署。兄等路途颇劳顿，幸尚能支持，勿念。

道光二十九年闰四月初六日

◎白话译文

昨晚我到了镇远的住所，今天早上接管了官府的印信。前任冯

县令在治理上的亏空特别巨大，我考虑他是因为公事这样的，所以也没有过多地责备他。冯县令感慨地对我说：“我已经六十多岁了，家里还有一位老母亲，年事已高老态龙钟，有一个如此不孝顺的儿子，以至于年纪这么大还拼命在离家三千多里的地方维持生计。这个地方的民风强悍，盗贼土匪经常出现，做烧杀抢掠拒捕等事，百姓已经对此习以为常了，不值得因为这种事感到奇怪了。我已经年老，怎么能担起这个重任呢？因此导致被撤职，这种撤职的惩罚是很恰当的，怎么敢有所怨恨呢？只是今后的生活又靠什么来维持呢？”他说话的时候非常感慨。现在的官场中不知道有多少这样的人，我为冯老伯的情况深感叹息啊。我在这里多的话就要待上一年，少的话也要待五个月，然而不敢有回到京城的想法，做一天官就要尽一天自己的力，不敢马马虎虎推卸责任，更不敢只做表面上的事来欺骗别人，否则从大的方面说会给皇帝留下祸患，从小的方面说是玷污了祖宗先人的声誉。最近保弟的思想变得非常敏锐，做事情很干练，每当我遇到非常难办的事情时，就会找他帮忙，保弟现在也在我镇远的任所。我们一路上感觉非常疲劳，幸好还能支持，不用挂念我们。

致枫弟等（感叹人丁不旺）

接示，悉前举一男，遽尔怛化，闻之愀然。吾家丁口素不兴旺，叔父春藻公又无后，墨溪公亦仅有二子。子孙不蕃，岂家运使然耶！兄年已三十有八，高堂甚望抱孙，而彼苍则区区者亦靳予。似兄不德，固不敢望后，以先君之仁慈，岂亦绝其嗣续乎！吾弟此子，状甚雄壮，决为吾家骏物，乃又昙花一现，弟纵达观，兄又为添愁不少矣！呜呼，夫复何言！

道光二十九年五月十九日

◎白话译文

接到你们的来信，知道之前生了一个男孩，突然死去了，听到这个消息时，我感到非常悲伤。我们家本来就人丁不兴旺，叔父春藻公又没有留下后代，墨溪公也只有两个儿子。子孙不够多，难道我们家族的命运就是这样吗！我已经有三十八岁了，父亲母亲特别希望能抱个孙子，然而苍天所赐予我的确实是太少了。可能是我的德行不够，虽然不敢奢望能传续血脉，但是凭借父辈祖辈的仁慈之

心，怎会使他们的后代断绝血脉呢！弟弟的这个孩子，相貌堂堂身体非常健壮，绝对可以说是咱们家的杰出后代，却又仅仅是昙花一现就死去了，即使弟弟心胸豁达能把这件事看开，我还是为他感到非常忧愁啊！唉，再没有什么可以说的了！

致墨溪公（禀告镇远盗情）

侄自接镇远篆以来，细加考查，觉水火盗贼事事可虑。盗贼以黄平、台拱为最多，施秉、天柱，亦甚不靖。高山、革夷、山丙、沙邦四寨，其最著者也。其旁村若黎树坳、卡榜、白洗、梭衣坡、亮摆、桃树榜、牌坊寨、老鼠寨、岔谷陇、毛栗坪、新寨、黑寨、青冈窝、小米山、楼梯坪、冷水冲等处，皆盗势滋蔓。前任冯令庸懦人也，莅任后，抢掠烧杀等案层见叠出，派兵往捕，则菁林幽险，孤山峭厉，炮力不能上攻，人力不能几及，而苗人滚山蓦涧，处处可通，以致每剿捕必拒，每拒辄胜，而官兵之威大挫，驯致不敢言捕。冯令卒坐此去职。侄曾密察地图，既知其境界之艰险，又接见地方人士，叩以情形，知寨中人亦不尽为盗，其中良民固亦十有三四。使果往剿，微论难操必胜，而良莠不分，概予剿办，亦觉伤仁。现拟将良民先行调查，密为登册，一面添卡哨以巡防，购眼线以追捕，务使以民卫兵，贼无从入，以盗捕盗，盗自相疑，而后用奇计以出其不备，或能有济。吾叔闻之，以为何如？

道光二十九年五月廿九日

◎白话译文

持抬枪的士兵

侄儿我自从接任了镇远县令的职位后，仔细地考察调研了一下这里的情况，感觉水患、火灾、土匪强盗等这些事情都非常令人忧虑。这里的盗贼在黄平、台拱两个地方是最多的，施秉、天柱这两个地方也不是很太平。如此多的盗贼，其中高山、革夷、山丙、沙邦四个山寨是最出名的。他们旁边的一些村落，如黎树坳、卡榜、白洗、梭衣坡、亮摆、桃树榜、牌坊寨、老鼠寨、瓮谷陇、毛栗坪、新寨、黑寨、青冈窝、小米山、楼梯坪、冷水冲等地，都有强盗的势力在逐步蔓延。我的上一任官员冯县令，的确是一个平庸懦弱的人，在这里任职后，抢劫掠夺、杀人放火的案件一个接着一个地出现，派官兵前去抓捕，到处都是森林茂密、路远艰险，山势陡峭崎岖，使用火炮根本无法进攻，人力几乎不能到达，然而苗族人跋山涉水都非常轻松，对他们来说无论去哪都是畅通无阻的，这样导致每次组织围剿抓捕都一定会遭到抵抗，他们的每次抵抗都能取得胜利，因而官兵的士气威风大受打击，导致最后都不敢说去抓捕盗贼了。冯县令就是因为这件事而被罢免了。侄儿我曾经秘密地查看了那里的地形图，已经了解到那块地界确实非常凶险，还接见了本地的一些有名人士，询问了一些详细的情况，了解到住在山寨里的人也不一定全是强盗，其中行为端正的百姓应该也有百分之三四十。倘若果真前去剿除，暂且不论能不能取得最终的胜利，却不区分良民和盗匪，一律进行剿灭法办，我感觉也是伤害上天的仁德的。现在我打算先调查清楚那些行为端正、没有犯法的人，秘密地做一个登记名册，一方面添加哨卡进行巡逻防范，花钱雇佣一些线人来实施追踪抓捕，一定要做到用民众来保卫士兵，使土匪盗贼束手无策，通过盗贼逮捕盗贼，盗贼之间互相怀疑，然而接着我用新奇的计策使他们出乎意料、攻其不备，或许这样才能有所收获。叔叔您听了我的这个想法后，感觉怎么样呢？

致枫弟等（劝勿过分悲伤）

弟前因殇子过悲，致患微恙，近日已占勿药否？嗣续之念，自古所重，不孝有三，无后为大，然此亦无可奈何之事。既不能强求，唯有益修其德，以冀上格彼苍耳。我兄弟年皆在三四十岁间，天而念我祖宗之德者，当不绝其胤嗣，吾弟其勿过于悲伤也。表兄刘德春闻因痰疾逝世，颇为可惜。以德春之才，天予以寿，则其功业当有可观。乃初则厄之以疾，终且夺之以命，亦刘姓之不孝也。兄与德春曾同砚席，气味甚相投合，迩来因簿书鞅掌，久未通函，正驰念间，胡安来述凶耗，客里闻之，倍增于邑。

道光二十九年七月十三日

◎白话译文

前段时间枫弟因为孩子未成年就过世了，过分地悲伤痛心，导致他的身体得了一些小病，这几天是不是已经吃过药了？繁衍子嗣、续承家业的观念，从古至今就是人们非常看重的，常言道："天下对长辈最不孝的事情有三件，其中没有子孙后代是最严重的。"然而这种事情也是无可奈何的啊。我们既然不能太勉强自己，想要达到目的也只能不断提高休养、积累善行仁德，只希望我们的所作所为能感动苍天罢了。我们兄弟两个的年龄都在三四十岁之间，上天如果念及我们祖辈的仁德还算深厚，那么就不应该让我们没有后代，弟弟你不要因为这个事过分悲伤了。听说表兄刘德春因为得了痰病过世了，真是太可惜可叹了。凭借德春的才能，如果老天能够多赐予他一些寿命的话，那么他所能建立的功德家业应该是非常可观的。当初就是疾病带给他挫折痛苦，并且最终夺走了他的生命，这也是刘姓家族的不孝导致的啊。我曾经和德春住在一起读书学习，性格爱好都比较相合，近来因为公事非常繁忙，很长时间没有跟他通信了，恰恰就在想念他的时候，胡安过来告诉我这个噩耗，我远在他乡，听到了这个不幸的消息，在这里真是倍感愁苦不堪啊。

致枫弟等（治家求和不易）

治家贵和,面也,然和字最不易言。聚父子母女兄弟姐妹于一室,其势必能和睦,何也？以其有天性存也。若聚婆媳妯娌姑嫂于一室,其势必不能和睦，何也？以其本无天性之亲也。其聚也，因其夫身所系，乃适然会合也，而又利害相冲突，旁人相构煽，面亲而心远，欲求其和，谈何容易！故百忍成金，传为美事，以其不易也。吾家聚族而居，均无间言，骨肉和睦，至可欣喜。然吾弟从中维持之苦，亦从可知矣。兄客里岑寂，颇有感于家室之乐，而又联想及于同居之难，草草握管，专布胸臆，吾弟阅之，有同感否？

道光二十九年八月初六日

◎白话译文

治理家庭最难得的就是一个“和”字，这是再明显不过的事情了，但是“和”字又是最不容易说的话了。父亲儿子母亲女儿兄长弟弟姐姐妹妹聚集在一个家庭里，家庭氛围一定是和谐融洽的，这是为什么呢？因为他们之间存在先天的血缘关系。如果是婆婆媳妇妯娌姑嫂聚集在一个家庭里，那种家庭气氛一定是不会和谐融洽的，这是为什么呢？因为她们之间本来就不存在先天的血缘关系。她们之所以聚集在一起，是因为各自丈夫之间的关系，就是恰好聚集在一起的，但是彼此之间的利益损害又相互冲突，再加上其他人向他们造谣生事、煽风点火，导致他们表面上看起来相亲相爱，实际上他们的内心离得越来越远，希望求得他们之间的和平相处，并不像说得那么简单啊！因此，才有百忍成金的典故被广泛传播成为佳话，因为忍耐是最不容易做到的。我们家都是整个家族的人生活在一起，彼此之间都没有任何隔膜，一家人都非常和谐融洽，这实在是最令人欣慰喜悦的事情了。然而弟弟你在其中所做的维持工作的辛苦之处，想一想就能知道了。兄长我客居他乡，常常感到冷清寂寞，对家人团聚的喜悦非常有感触，然后又联想到一大家人住在一起的难处，我就随便拿起笔，胡乱地写了这些特地抒发心中的感情。弟弟你读完信后，有没有同感呢？

致枫弟（勿轻易举债）

大凡亲戚友朋之间，最易发生龃龉者，厥维债务一事。昔先君曾诏兄曰：汝能节衣缩食，常使手头有余，最佳；否则，宁忍饥寒，勿举债。须知债务在身，若附骨疽，实足以致汝命也。若亲友间有窘乏而来告贷者，力所能及，则慨予之。他日面能归赵，受之可，不还亦不必索偿也。亲友之凶终隙末者，大半由于债务纠葛也。兄常牢记，而未敢渝。来信谓袁洪山与族弟安甫亦因索债而情感大伤，且有涉讼之风传，益征先君之识为远大矣。此事曲直，似洪山有负安甫，以洪山平日之挥霍，虽有铜山，亦将难恃。当其窘迫万分之际，安甫顾念亲情，慨然借多金，原为周济其急，当时之所以不立债券者，亦以彼此相尚以信义，初不虞其竟尔负心也。五载以来，子母均无所着，一再逼索，竟反唇相讥。通财义举，反伤亲谊，宜乎安甫之愤愤也！兄昨日函致洪山，劝其顾全信义，偿还母金。倘因手头拮据，分拨亦可。安甫处，望弟亦善为排解，稍加通融，俾不致因此而涉讼公庭，伤两家和气为要。

道光三十年五月十七日

◎白话译文

通常情况下，亲戚朋友之间最容易产生不合、出现矛盾的地方，应该就是债务这件事了。过去父亲在世的时候曾经对我说："如果你能节俭穿衣、控制饮食、勤俭持家，经常使手里有剩余，这是最好的；如果你做不到这样，宁愿自己忍受饥饿寒冷，千万不要去借债。"你必须知道，有债务背在身上，就像病毒结聚在骨头上会产生深层的脓疡一样，确实足以要了你的命。如果在亲戚朋友中有人处于窘境困乏的情况下想向你借钱，只要是在你的能力范围内，就要慷慨地借给他们。将来如果他能把钱财如数奉还的话，你接受是可以的，如果他不还，也不必索要偿还了。亲戚朋友之间产生的矛盾、隔阂，大多数是因为钱财债务纠缠不清造成的。兄长我常常牢记在心里，而且从来都不敢改变。你的信中说袁洪山与家族里的弟弟安甫也因为索要欠债而大大伤害了彼此的感情，甚至还有他们要起诉对簿公堂的传言，这更能证明我父亲的认识是非常有远见的。这件事情的原委、曲直，看起来像是洪山有对不起安甫的地方，根据洪山平时在生活中挥霍无度，即使是有金山银山，恐怕也将是难以维持的。就在洪山生活窘迫、陷入困境的危急时刻，安甫顾念着亲戚的情分，慷慨地借给了他很多钱财，原以为是想帮助他解决眼前的困难，当时没有写下借条的原因，也是因为双方之间还是互相信任、

讲义气的，当初并没有料到他竟然违背良心、背信弃义。五年多来，安甫借出的钱财的本钱、利息都没有一点着落，一再地向洪山提出还债，洪山竟然反过来讥讽对方。本来是讲义气借钱做了好事，没想到反而损伤了亲戚之间的情分，这也难怪安甫如此愤愤不平啊！昨天我写信给洪山，劝他要顾全信用、讲义气，偿还安甫本钱和利息。假如是因为目前手头比较紧张的话，可以分期偿还。安甫那里，希望弟弟你也能好好地做做工作、解释一下，劝他稍微通融通融，希望不要因为这件事闹到在公堂上起诉打官司，不伤害两家的和气才是最重要的。

致敏弟（黎平盗情）

兄现已卸思南府事，来署黎平。黎平会匪最多，盗魁有老冒、老三哥、大五、大六、大九等，均异常凶悍，遍收莠民，作为牙爪，横行不法，良懦受害。昨日接见本地士绅，慨谓三十年来，地方遭匪众蹂躏，暗无天日。今日又接一命盗案，系积匪大肚皮，涎宗姓财产，率众往劫，并惨杀三命，污辱一妇。大概此等案件，在黎平视为普通事，不足奇也。以今日武备之废弛，兵气之衰弱，国帑之支绌，人心之浮伪怯懦，实非旦夕所能挽回。兄既来此间，当思所以消弭之术。然而履新伊始，地理未稔，人和未得，亦未易言也。

咸丰元年四月初五日

◎白话译文

现在兄长我已经辞去了思南府的官职，到黎平的官署就职了。黎平这个地方的土匪强盗最多了，盗匪的首领有老冒、老三哥、大五、大六、大九等人，都是异常凶猛彪悍的，到处搜集汇聚了很多行为不端的人，把他们当作自己的打手、帮凶，横行霸道，犯下很多违法的罪刑，老百姓深受其害。我昨天接见了当地的一些士人乡绅，都非常愤慨地说这三十年来，地方百姓遭受了众多土匪强盗的欺凌迫害，简直就是暗无天日。今天我又接手了一个杀人抢劫的案件，是大肚皮这个老土匪，垂涎一个宗姓人家的钱财，带领很多盗匪前去打劫，并且残忍地杀害了三条性命，还强奸侮辱了一位妇女。大概像这种案件，在黎平会被看作是再普通不过的事情了，并不感到稀奇。看现在的情况：荒废懈怠的武力装备、衰败不堪的军队士气、入不敷出的国家财政、浮躁虚伪胆怯的民心，实在不是一朝一夕就能改变扭转的事情啊。我既然已经来到了这里，就应该认真思考解决这些问题的办法。但是这里的工作才刚开始，地方的事情还都不熟悉，人心还没能团结起来，现在就解决这些问题也不能轻易地说出口。

市井小民与流民

致保弟（关于保甲团练之法）

桂匪披猖，夙夜恐惧，兄维防堵外匪，宜先清除内盗，举行保甲团练之法，建筑卡房四百三十五处，派民夫四名至二十名不等，分班轮守。逐月委员及老成绅士，分带练勇百五十余名，遍历各乡，劝谕巡查，周而复始，所费有限，收效必宏。盗首杨浪子等次第剪除，分别惩处，居民稍为安堵，行旅稍为无虞。

闻近日怀远融县罗城土匪，或百余，或二三百不等，水陆梗塞，大年河以下行李戒严，询之遣发回营兵丁，往来探卒，劫夺之案不一而足，如不及早设备，贼一得势，祸在门户，固不待洪逆一股窜入黎平始为可虑也。

现今洪逆窜入昭平，而梧州之波山匪党，又复停泊戎墟一带，势颇猖獗，蚁聚蜂屯，已成流寇伎俩。其西则浔武一带所在村庄。上年劫掠一空，粮食已尽，必不致复投旧巢。其南则顺流而下，与粤逼近，两广徐制宪已握重兵于高廉，截其窜路。其东北与楚接壤，两湖程制宪已调兵扎守衡州，新旧两提督分驻永全交界扼要处所，辰沅永靖道早已移驻靖州，分兵扼守开泰通道交界之大信屯，以壮声援。唯西北一隅守御尚虚，不独我黎平无备，即粤之义宁、怀远、罗融等州县，皆无备也。粤匪零星股数甚多，总不出流剽故智。目前之小股，即异日之大股；目前之小盗，即异日之大寇。

为今之计，筹兵筹饷，其急务矣。顾兵不能战，又不能守，怯于公战，勇于私斗。粤西军饷，内帑屡发，势将不继。而黎平与粤西各要隘交界横亘二百余里，滇黔两省调往兵丁及往来文报均由此经过，实为往来通衢，视他处尤为紧要，即调兵一千尚恐不能分布防守。每兵一名，例支行装银二两，日给口粮米八合三勺，盐菜银三分，随行帐房锣锅，锹链釜锄，衣服鞋袜军器等物，历次新章，令自雇长夫，每兵每日给银五分，而仍不自雇夫役，一概取索于地方，查三十年黎平防堵调兵三千名，为期三月有余，每兵每日给长夫一名，折银五分外，尚用夫役至六万余名。

其时民苗疲苦怨叹，有兵来不如贼来之语。加以带兵运粮，文武员弁随丁官役，月支盐菜折马等费银两尚属不支，此外稿房备弁，方且眈眈然曰取军需旧例，百方求索，滋扰不堪，地方官因办兵差军需，请领帑项，复任意列款流摊，又不下数千万两，计调兵一千名，每月口粮米价银二百四十九两，盐菜银九百两，兵丁长夫银一千五百两，加以暂支之行装二千两，文武员弁跟丁月支银两，兵丁例外犒赏各费，初次一月总须六千两有奇。二月以后，除去行装，亦须四千两有奇。而需索夫役，每名仍须用至一名二名不等，巡徼于十里二十里之外，非官为觅夫应役，即一步不行，尚且不过虚张声势，徒守空营，不能浚濠筑堑，屹立天险，真有所恃而无恐也。

韩子云：征兵满万，不如招募数千。计唯有于南路与粤接壤之乡寨中，雇募精壮民苗一千名，择谙练绅士统之，与以锹锄畚箕，择紧要隘口，如八乐、广梅坳、水口、云洞等处筑立土堡守之，每月抽一二时仍编成行伍，课其技艺，使知且战且守之法，民无裹胁之虞，贼无阑人之势，堡成之后，声威既定，民心益固，彼时每堡只需三五十人守之，练丁尚可酌量裁减，不必定须取盈一千也。大率乡兵一名，每月须给米一升，工价钱四十文，合银三分五厘，用乡兵一千，每日连米价合计须银三十五两，每月需银一千零五十两。如仓谷可以拨动，或于古州下江水脚利便处碾运，则除去口粮米价银四百五十两，每月只需工价银六百两。又造制器械旗帜，购备竹木绳索，及委员绅士薪水，并盘查奸细犒赏等费，至多不过二三百两。每月所用，总不过一千两。较之调兵一千，实省四分之三，而功效倍之，而又无征调遣发之烦。土著之民保护乡里，其情既切，其勇自倍，节浮费而收实效，计无有善于此者。特驰函以告，吾弟阅之，何以启予？

咸丰元年四月十四日

◎白话译文

广西地区的土匪叛乱异常猖獗，我日日夜夜都非常害怕，兄弟我认为防御堵截外面的土匪，应该先清除内部的叛乱，施行保甲团练的方法，建造修筑四百三十五处哨所据点，每个地方都安排四到二十名不等的百姓农夫分班轮流把守。每个月都要委派人员和老练的绅士，分别带领干练的勇士一百五十多名，走遍各个乡村，劝说教导和巡逻检查，这样周而复始，花费有限的财物，但获得的效果一定会很大。盗匪的首领杨浪子等依次都被除掉了，并分别进行了惩罚处置，居民百姓稍微能放下心来，路人、旅行者能稍微不用担心盗匪出现了。

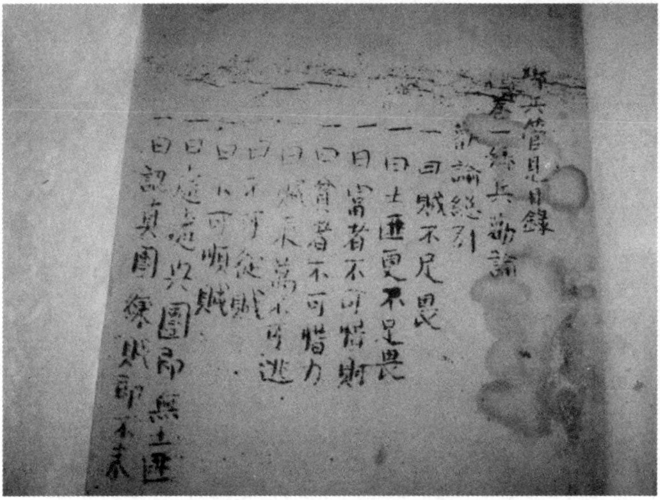

清代关于保甲团练的兵书

最近听说怀远地区的融县罗城出现的土匪，有的一百多人，有的二三百人不等，水路、陆路都不能畅通无阻，从大年河往下，在外往来行走的马车和行人都需要有所戒备，我向他们仔细询问后就派遣了回军营的兵士，让他们来回地仔细打探，抢劫掠夺的案件经常反复出现，如果不尽早进行防范的话，这些土匪强盗的势力一旦发展壮大、占据了战略要地，导致的灾祸就在眼前了，因此不要等到洪秀全这股反贼势力逃入黎平才认为这是一件需要考虑的事情。

洪秀全雕像

现在洪秀全反贼势力流窜进入了昭平，而梧州波山上的土匪叛党又在戎墟地区一带停留驻扎，他们的势力发展非常猖獗，就像蚂蚁聚集、蜜蜂群集在一起一样，已经成为到处流窜的叛军惯用的方法。昭平的西面就是浔武一带所在的村落，去年那里被洗劫一空，百姓的粮食已经被抢光了，一定不会再跑到之前盘踞的地方躲起来了。昭平的南面就顺流而下，靠近广东了，两广地区的徐总督已经在高廉手握重兵，截断了他们逃窜的去路。昭平的东北面是与湖北接壤，两湖地区的程总督已经调遣军队在衡州驻扎防守，新旧两位提督分别在永全交界的扼要之处驻扎军队，辰沅永靖兵备道（清代军政合一的组织）早已经迁移驻扎在靖州，分兵借助开泰通道交界的大信屯这种险要的地势防御坚守，来壮大声势、呼应援助。只有西北地区的防守抵御还很空虚，不只是我所在的黎平没有充足的准备，还有广东的义宁、怀远、罗融等州县，也都没有足够的军队防守。广东地区的土匪叛军零散，小股的数目特别多，但总是超不出那些到处流窜的叛军所采用的惯用方法。现在的小股叛军，将来就会发展成大股叛军；现在的小盗贼，将来就会发展为大贼寇。

根据现在的情况来看，需要招募士兵、筹备军饷，这些是最急需要做的事情。想想官府的军队作战打不赢，驻扎防守又守不住，当需要为国家奋勇杀敌的时候又畏畏缩缩非常胆怯，私下里个人之间又好勇斗狠。广东西部的军饷，国库已经多次下发，照这样下去将来势必难以维持。然而黎平和广东的西部各个交界处险峻的要塞关隘连绵二百多里，云南贵州两省来往的调兵以及往来的文书报告等都要从这里经过的，实际上就是往来的交通枢纽，跟其他地方相比看守这里显得尤其重要，即使调来一千名士兵恐怕还是不能分开布置防守。每名士兵，按例发给二两银子用于置办军装，每天分给大米八合三勺作为口粮，每天分配的盐钱和菜钱是三分银两，给部队行进配置的帐篷锅碗瓢盆、铁锹链子锄头、衣服鞋袜兵器等物资，经历过许多次制度更新，命令部队自己雇佣长工，每个士兵每天发给五分银子，部队却仍然不自己雇佣长工，全都是从地方索要获得的。调查到在道光三十年黎平防堵就调兵三千人，花费了三个多月，每个士兵每天配给一个长工，折合五分银子外，还无偿使用了六万多名官府征来的长工。

当时百姓生活疲惫痛苦、怨声长叹，有官府的军队到来还不如土匪叛军到来的传言。再加上部队转移、粮食运送、文武官员以及随从差役等等，每月应该支付的盐钱菜钱车马费用折算成银钱尚且很难定期支付，除此之外的文职后备人员，正虎视眈眈地紧盯着这里，说要按照以前的惯例领取军需饷银，千方百计地要求领取，真是被他们骚扰得苦不堪言。地方上的官员因为招募兵员办理军需物品，请求领取款项，又随意罗列项目要求报销，这又是不低于几千几万两的银子。总计调遣一千名士兵，每月发放的口粮价格是二百四十九两银子，盐钱菜钱需要九百两，士兵和雇佣长工的工钱需要一千五百两银子，加上暂时支出的装备费用有两千两银子，再加上文武官员以及随从人员每月应该支出的银两，另外发给士兵的各种犒赏费用，第一个月至少需要总计六千多两银子。二月以后，除去支出服装费用外，也至少需要四千多两银子。但是需要使用长工的话，每个士兵仍然需要用一到两名不等，在十里二十里之外巡逻走动，如果官员不是为了要寻找民夫去做徭役，他们是一步路都不走的，而且只不过是虚张声势，白白地在外面守着空空的营房，不能挖掘壕沟修建要塞，依靠险要的地势进行防守，真的好像是有恃无恐啊。

流离失所的百姓

韩子曾经说："征集的士兵即使超过万人，还不如去招募几千人。"现在打算只有在南边与广东交界的乡村中雇佣招募到健壮的乡民一千人，从中选择熟悉练兵的士绅统领队伍，给他们发放铁锹锄头畚箕等工具，选择紧要的关隘，像八乐、广梅坳、水口、云洞等地筑造堡垒进行防守，每月抽出一两次时间仍然把他们按照部队的编制组成队伍，把基本的技术教给他们，使他们懂得作战和防守的方法，百姓没有被要挟的担心，土匪叛军无法形成围堵我们部队的阵势。建筑堡垒完成后，声势就已经定下来了，士气军心会更加稳固。那个时候每座堡垒只需要三十到五十个人来防守，操练的士兵还可以按情况适量减少，不必一定要招满一千人。大概一名地方士兵，每天要发给一升大米，四十文工钱，总共折合三分五厘银子。雇佣一千名地方士兵，每天需要口粮的钱折合总共是三十五两银子，每个月需要银子一千零五十两。假如官府仓库里的粮食可以调用，或者在古州下面江边方便的地方去掉谷皮再向各地运送，这样那么去除口粮钱四百五十两银子，每月只需要支付六百两的工钱。另外，还要制造器械旗帜，购买准备毛竹木材绳索，以及管理乡绅的薪水，还有盘问奸细、犒赏等各项费用，最多不会超过二三百两银子。每个月所需的费用，总共不会超过一千两银子。跟从别的地方调集一千士兵相比来说，实际上节省了四分之三的费用，但收到的效果比调集士兵要好上几倍，而且又不会有征集调遣发配的烦恼。

当地的百姓因为是保卫自己的家乡，所以感情是非常真切的，他们所表现出的勇气也是成倍的，节省了不必要的费用，却收到了实际的效果，没有比这更好的办法了。所以，我特地写了这封信急切地送给你，弟弟你看了之后，有什么想对我说的话吗？

致族兄君儒（怀念归山读礼）

弟摄篆此间，匪乱如毛，抚固不能，剿又不易，现拟先清内匪，再防外盗。而保甲一法尚矣，条约一定，举行当力。如本寨有人出外为盗，则责成本寨乡正、固长、牌长等人；如外寨有盗入境而不救援，不追捕，则责成本寨邻寨乡正、团长等，罚钱入寨，充公备用，而官不经手，如此励行，或能有济乎！呜呼，回忆五年以前，读礼归山，终日唯与书卷为伍，以翰墨自娱，若逢春秋佳日，与兄等乡村散步，流览山水，或与老衲谈禅，或与野老话稼穑，其愉快为何如！今则案牍劳形，匪盗苦我，今昔相较，倍增惆怅。而吾兄竹杖芒鞋，徜徉依旧，诚令人欣羡不置矣。侄辈现从吾兄读，循循善诱如吾兄，其进益当甚速也。

咸丰元年五月十八日

◎白话译文

弟弟我在这里办理公务，土匪叛乱的情况多如牛毛，招安本来就是不可能的，围剿又是不能轻易做到的，现在我打算先肃清管辖

范围内的土匪，再防御从外面流窜进来的叛军。然而保甲这种制度还是不错的，一旦这种制度被定下来，一定要采取有效的措施贯彻执行。比如一个寨子里有人出去做土匪强盗，就责令这个寨子的乡正、固长、牌长等人承担责任；如果其他寨子有盗贼进入抢劫而不去救助、不实施追捕，就惩罚这个寨子和相邻寨子的乡正、团长等人，向他们收取罚款，并将其作为寨子的公用资金，而官府不能经手资金。用这种办法来激励他们去做，或许能取得一些效果吧！唉，回想五年前，回家乡闲居读书，整天只和书本在一起，用笔墨自娱自乐，如果在春秋季节遇到了好天气，就和兄长们在乡村里散步、游览山水，有时候和老和尚谈经说佛，有时候跟乡下的老农谈谈种庄稼的事，该是多么愉快啊！现在我是在书桌前为处理公务而劳累，土匪盗贼害苦了我，现在和以前相比，内心的惆怅成倍地增加了。而大哥你是不需要为公事操心的，拄着竹杖穿着芒鞋，像以前一样怡然自得地生活，实在是令我羡慕不已啊。现在侄子们都跟着大哥读书，以大哥这样循循善诱，他们获得的进步应当会非常迅速的。

致枫弟（谈时下可虑十五事）

近日下游情形甚觉岌岌，可虑之事甚多，爰择要为吾弟告。麻阳船户，辰沅水手，皆强悍有力。镇远以上，驿路脚夫，亦游荡不羁。两三月来，客商裹足，无所得食，人心惶惶，殆不可支。夫以官养

江岸边的贫民窟

民，不如使民自养，为盗而死，忍饥而死，等死耳，犯法可以赊死，忍饥则将立死，可虑者一。

各府各厅之寨苗，大者一二百家，小者三五十家，连年盗劫，积蓄一空，为良则畏盗，而又畏官畏差；为盗则一无所畏，是将迫之使为盗，可虑者二。

良苗终日采芒为食，四时不能得一粟，耕种所入，遇青黄不接之际。借谷一石，一月之内，还至二石三石不等，名为断头谷，借钱借米亦然。甚至一酒一肉，积至多时，变抵田产数十百金者，心怨之而口不敢言，其黠者则怨恨所积，引群盗以仇之，而汉奸终不自悟，方且失之于盗劫，而取偿于盘剥，可虑者三。

苗产尽入汉奸，而差徭采买，仍出原户。当秋冬催比之际，有自掘祖坟银饰者，蒿目痛心，莫此为甚。各厅并无钱粮赢余，专恃差徭采买一切陋规，以为公私之用。近年民力日绌，官事日多，即令如数收纳，尚呼瘠苦，何能禁令而强以不情！且力役粟米之征，一概停止，则苗民脱身化外，不及知有上下之分，是禁之固难。将纵之而任其多取乎？则穷愁怨叹，苗民日见其蹙；将更法而归于受田之汉民乎？则差徭采买有已成之俗例，而非赋役之正供，苗寨本无钱粮，汉民岂肯领受？讦告纷纷，上下其手，可虑者四。

官取于苗者，十之三，土司通事差役之取于苗者，十之七，取良民之精血，以供其晏安鸩毒之资，台拱、丹江、古州八寨清平，其弊尤深，可虑者五。

汉奸恐吓苗民，无所不至，即于上年十月，倡言某人带兵，见黑便杀，虽大张晓谕，开诚布公，其造言恐吓之人，即平日盘剥之人，即异日倡乱之人，欲藉以快其私耳。人心思乱，无理可喻，可虑者六。

官兵数万，已成废器。即令千人为营，而贼难破，凡有血气，莫不痛心。屯军九千余名，布置各堡，本极周密，然虚籍徒存，实政无补，数十年之积弊，不能一旦挽回。今日之食屯田者，半是刁生劣监，一旦绳之以法，则捏造黑白，勾煽愚苗，其祸且益速。操之太急，是晁错峭直之弊；委心任运，是胡广中庸之诮，可虑者七。

邪教之兴，随地皆是，根底既深，萌芽已露，唯大臣持正而不阿，小臣奉公而洁己，则无隙可乘，尚可不即举发。黔中近年大宪兢兢业业，察吏颇严，然在上有震动恪恭之心，在下有得过且过之意。未经患难，不知恐惧，公牍所到，寓目已忘，可虑者八。

天下治乱之机，不外义利二字，人心嗜利则乱，人心嗜义则治。近年嗜利之人岂唯官哉！凡在官之人皆如是也。即在野之人亦然。用人而不得所养，虽尧禹之忧勤，不能以治天下。则养人而耗财多，处已乱将乱之时，则赏不得不重，罚不得不轻，故耗财尤多，度支已竭，仰屋空嗟，可虑者九。

祸积于萧墙，势处于危急，而不能不资成案，秉旧例，绛侯之乞怜于牍背，魏尚之见屈于刀笔吏，古今同慨，必至于决裂不可收拾。例案一无所施，而后节目疏阔，则事已不可为，可虑者十。

勤五事者食于官，举义旗者食于民，舍穑事而割正夏，汤事是也；“孰敢不箪食壶浆以迎将军”，诸葛之言是也；南阳太守稽留义师，斩一守而人皆奉令，孙坚是也。天下非鄙吝之人不能聚财，非抑勒不能散鄙吝之财，明怀宗之劝谕而不助军饷，李自成之脑箍而尽数以献叔季，人心大抵类是。粤逆入鄂，括取民财计逾千万，设官为董劝，则十万亦难，不至此时，不知悔惧，人心又大类此。黔中官兵仰给于藩库，藩库又仰给于邻省，转运则有所不能，抑勒则有所不敢，畏首畏尾，必致官危而民亦不安，可虑者十一。

兼弱攻昧，取乱侮亡，言道学者疑之，而英君贤相之方略实不外此。自强者天道之所取，自弱者《洪范》谓之根，帝王驭世之微权，必取强桀之人，预为驾驭，为我用而不为人用。世庙募武力绝伦之人，令史相国统领驻防，岂为驻防哉！所以消天下之英杰而不觉耳。姚启圣督浙闽，署中岁费以百万计，不数年而海澄公施侯归于麾下。今欲震慑边陲，必须日日练兵。贵东一路，幅员至大，非挑练精兵，分防分捕，且战且守，则不足以慑奸萌而资防范，一年之费又将安出？可虑者十二。

黔饷设令不继，则兵民皆困，祸不旋踵，将任其自乱而自已乎？抑将养壮士而去老弱，核名实而察空旷也？非常之原，黎民所惧，行之不善，是明季裁驿卒之事；行之而善，是商鞅变法之事。成者

商鞅画像

为怨府，败则为祸阶，可虑者十三。

保甲团练，实救时之善政，委员之事办，其时甚暂，恐民不信；其势相隔，恐民不亲，则非牧令不为功矣。然而奉虚文者无实意，察小害者忘大利，大宪之董戒，不啻颖秃而唇焦，各属之奉行，唯有禀覆与告示，可虑者十四。

大江东去，望风瓦解，刺背奸细，反来黔地，即是逃避之余，亦恐勾煽之祸，可虑者十五。

总上各事，就所知者而言之，然已病多药少，非一手一足之列所能挽回，亦非空言剿说所能补救。约而言之，则亦不外练兵、求才、察吏、筹饷四事而已。已乱易治也，未乱易治也，而将乱难治。兄之愚陋，即使殚精竭虑，亦无补于万一，况一人之精神几何？一人之才识又几何？如石填海，如蚊负山，固自知其不堪矣。

咸丰二年三月十六日

◎白话译文

这几天我感觉下游的情况非常危险，需要考虑的事情特别多，现在我挑选一些重要的事情告诉你。麻阳这个地方的船主，辰沅地方的水手，都是身体强壮、彪悍有力的人。从镇远往上，沿着交通要道做搬运工作的民工，也都到处游荡不务正业。两三个月以来，途经这里的商人只能停滞不前，无法做任何事情来赚钱养家糊口。现在人心不稳，大概快要不能支撑了。如果依靠官府来救济百姓的话，倒不如让他们自己供养自己。去做土匪强盗的人会死，忍饥挨饿的人也会死，同样都是死，违法犯罪还可以活更长点儿时间，忍饥挨饿的话就会很快支撑不住。这是让人非常担心的第一件事。

各个府厅的村寨，大的村寨能有一两百户人家，小的村寨也有三五十户人家，连年遭到土匪盗贼的偷盗抢劫，他们的积蓄早已被洗劫一空了，做一个奉公守法的良民就会畏惧土匪强盗，而且会害怕官府里的官员和差役；但是做土匪强盗的话就什么都不用害怕了，这种情况势必将逼迫人去做土匪强盗。这是非常让人担心的第二件事。

奉公守法的那些人整天找寻野菜粗粮当作食物，一年四季都不能吃上哪怕一粒粟米。耕种一年所得的收成，在庄稼青黄不接的时候就已经吃完了，从别人那里借一石粮食，在一个月内就要返还两到三石不等，被人们称作断头粮，借钱借米都是这样的。甚至是一壶酒、一块肉，借用的时间一长，只能把田地产业作抵押卖出去，只能得到几十两或者一百多两银子，百姓心里痛恨这种事情却不敢从嘴里说出来。这些人中有些心怀鬼胎的人就会积聚心中的怨恨，带着一群土匪强盗向那些放高利贷盘剥的人报仇，而那些贪婪的外地人始终不能悟出其中的关节，而且一旦遭到土匪强盗的抢劫，反过来就会变本加厉地盘剥百姓以获得补偿。这就是让人担心的第三件事。

本地人的财富都被外地那些贪婪的人夺走了，但是全部的徭役和需要置办的物品仍然要由本地人来担负。在秋冬催缴捐税的时候，甚至有百姓自己挖出自家祖坟里面的银饰的情况，看到这种情形着实令人痛心，没有比这种情况再严重的了。各个部门的钱财和粮食并没有多少富余，只能依靠赶派民工服徭役来承担一切费用和物品的粗陋规定了，作为官员的公私费用。这几年来百姓的人力、物力、财力越来越不足了，官府的事情每天越来越多，即使按照命令把捐税全部收齐，尚且说难以维持，怎么能不讲情面强行命令不允许执行那些粗陋的规定呢！而且一旦停止征收徭役捐税的话，就没有什么规定能限制那些当地的百姓了，他们也不会懂得上下尊卑的分别。禁止那些陋规本来就是很困难的。但是难道就要因此而纵容放任那些官吏多收捐税吗？那么愁苦哀叹，当地百姓的生活会越来越窘迫；

难道要变更法令来让那些有田地的外地人来担负徭役捐税吗？但是徭役税赋的捐纳已经有成俗的规定，外地人并不是法律规定理应缴纳赋税的人，本地百姓已经没有钱财口粮了，难道外地人愿意承担这种责任吗？彼此攻击状告的事情太多了，有的又经常从中做手脚，这是让人非常担心的第四件事。

官府从当地百姓那里获得的物资钱财，大概占他们收入的十分之三，土司和管事的官吏办事人员从当地百姓中获得的财富，占他们收入的十分之七。搜刮那些奉公守法的良民的血汗钱，用来作他们贪图享乐的资本，台拱、丹江、古州八寨这些地方非常贫困，这种弊病特别严重，这是让人非常担心的第五件事。

外地人恐吓喝斥当地百姓，没有不用的方法。就在去年十月份的时候，就有这样的谣言，说某人率领部队，遇到当地百姓就杀。虽然官府到处张贴布告，开诚布公地指出那些只是谣言罢了，其实散布谣言、恐吓当地百姓的人，就是平时盘剥百姓的人，也是后来带头作乱造反的人，只不过是想借此来中饱私囊满足自己的私欲。人们都想作乱造反，已经没有办法提倡道德礼义了，这是让人非常担心的第六件事。

上万的官兵，已经变成了毫无用处的工具。即使让一千人的土匪强盗扎营防御，然而数万的官兵也不能攻破，凡是有血气的人，没有不痛心的。驻扎了九千多名官兵，在各个堡垒里分布防守，本来是非常周密的，然而只是空虚地不能有所帮助，白白地存在罢了，不能做任何有实际意义的事情，几十年遗留下来的弊端，不能在短时间内就能挽回。现在霸占屯田的人，一半是品行刁蛮低劣的监察官员，一旦将他们绳之以法，他们就会捏造事实颠倒黑白，勾结煽动那些愚昧的当地百姓，这样造成的祸患会更加迅速。消除这些弊端如果操之过急的话，就会犯像晁错（西汉著名改革家，也因此被杀）过于讲原则一样的错误；如果不去关心随事情自然发展，就是胡广那种中庸消极的错误了。这是让人非常担心的第七件事情。

晁错雕像

到处都有兴盛的邪教组织，他们在社会中有很深的群众基础，逐步壮大的迹象已经显露出来。如果大臣保持刚正不阿的品性，下级官员能够廉洁奉公、洁身自好，那些邪教就会无机可乘，还到不了马上就要爆发的地步。最近几年，贵州总督的工作兢兢业业，监察官员也很严厉，然而总督在朝堂之上对工作非常细心谨慎，但是在任职的地方却有得过且过的想法，没有经历过困难挫折，就不会懂得担心事情的发展，接到传达的公文，过目就忘记了。这是让人非常担心的第八件事。

治理社会动乱的关键，不外乎“义”、“利”两个字。如果人们对利益有贪婪之心，天下就会动乱不堪；如果人们尊崇道义，天下就会太平。最近这些年，贪恋利益的人不仅仅只有官员啊！只要担任过官职的人都会这样的。即使是没在朝廷做过官的人也是这样的。需要使用人才却没有在合适的环境中培养，即便像尧和禹那样勤劳而且能先天下之忧而忧，也是不能治理好天下的。培养人才会耗费很多钱财，处在社会已经混乱或将要混乱的时候，那么该赏赐的时候就应该重赏，该惩罚的时候就不能不从轻，所以耗费的钱财非常多，支出用度的钱财已经消耗尽了，只能在房间里仰望空叹息，这是让人非常担心的第九件事。

祸患是从内部积累起来的，形势已经非常紧急了，却不能不参照以前类似的事情，遵循以前的惯例，绛侯周勃（汉初重臣，曾经坐牢）被牢头卒子侮辱，无奈只能卑躬屈膝，魏尚（汉文帝时为云中太守，镇守边陲，防御匈奴，作战有功。后因上报朝廷的杀敌数字与实际不符，只差六颗头颅，被削职查办）这样的英雄豪杰要靠文职人员解救，古代和现在的事情同样令人慨叹啊，必定会使矛盾加剧，甚至到不可收拾的地步。以前的案例没有一个能用得上的，以后的事情也无法预测做出计划，事情就已经到不可收拾的地步了。这是非常让人担心的第十件事情。

勤于修身的人（五事：指古人修身的五件事——貌、言、视、听、思）靠做官来赚钱维持生活，举义旗起来作乱造反的人靠百姓的捐纳维持生活，舍弃种庄稼的事情而去推翻夏朝的正统统治，这是商朝开国之君成汤的故事；“谁敢不带着食物酒水来迎接将军”，是诸葛亮对刘备说过的话；南阳太守带领起义部队，斩杀了一名行政长官之后大家都听奉他的号令，这是孙坚所做的事情。天下的人如果不是吝啬小气的人是不能聚集财富的，如果不压迫甚至强制没收就不能散去那些靠吝啬小气的人积累起来的财富。明怀宗颁发劝说的手谕，百姓却不帮助增加军饷加强军力，李自成见识浅陋，百姓却把所有的钱财都献给了他，人心大概都跟这个类似吧。广东省的叛军土匪进入湖北，获取了百姓的财物总计超过千万，假如官府去监督劝告百姓捐纳钱粮，那么即使是十来万也是很困难的，不到土匪叛军搜刮的时候，不知道恐惧后悔，人心大概又是这样的。贵州官兵的月薪工钱靠布政司所属的粮钱储库来供给，布政司的钱粮储库又依靠相邻省份的供给，从邻省转运有的时候是很难办到的，用政策压迫甚至强制没收却又不敢这样做，不是担心这个就是担心那个，必定会导致官府处于危险之中，而且百姓也得不到安定。这是让人非常担心的第十一件事。

兼并弱小，攻取实力不强的对手，用暴力战乱的办法消除祸患，讲究道学的人对此持怀疑的态度，但是英明的君主、贤能的大臣所采取的方法战略确实没有超出这些的了。本身强大的一方是天道所选择要留下的，本身弱小的一方就是《洪范》中所说的根。帝王统治天下，使用权利的微妙之处就是一定要笼络获取强悍心志坚毅的人，预先控制他们，使他们为我所用而不被他人所用。明朝的世宗皇帝募集武力超强的人，让他们担任令史、相国官职统领部队驻扎防御，难道仅仅是为了驻防吗？只不过是用作在不知不觉中消灭天下人才的手段罢了。姚启圣在浙江福建做总督，官府衙门里的花费数以百万，没用几年的时间就让海澄公施琅归附了自己的领导。现在想要镇守管辖边境，必须天天训练士兵。贵州东面一带幅员辽阔，必须挑选精锐部队进行操练，分置防守，到处抓捕土匪，一面主动进攻，一面进行被动防守，如果不这样就很难把造反的图谋震慑在萌芽状态，以助防范于未然。但是如果这样的话一年的花费又能从哪里支出呢？这是让人非常担心的第十二件事。

贵州地区的军饷支出如果难以维持下去的话，那么士兵百姓都会受困，祸患很快就会到来，是眼看着形势恶化下去任其发展，而让动乱自生自灭呢，还是放弃那些丧失战斗力的部队，全力给养保留精锐部队，核查账面资料和实际人员的情况，而清除虚假名额呢？

非常崇高的愿望和动机，如果百姓不欢迎，在这种情况下坚持做下去却不好的例子就是明朝末年裁撤驿卒的事情（明末裁撤驿卒，李自成当时在被裁之列，后李自成领兵攻进北京，迫使明朝崇祯皇帝自杀）；坚持做下去却很好的例子就是商鞅变法的事情（商鞅变法促使秦国迅速强大，但商鞅也因变法身死）。事情即便是成功了，也会成为大家指责的焦点；事情如果失败了，就会成为招致祸患的因素。这是非常让人担心的第十三件事情。

实行保甲团练的政策，的确是扭转目前情况的有效办法。委掩专门的官员来办理事情，由于相互接触的时间特别短暂，恐怕百姓不能相信他们；委任的官员与百姓所代表的利益群体完全不同，恐怕百姓不能拥护他们，既然这样那么如果不采取有效的措施，就会很难把事情做成功。然而接受公文命令的人并不想认真执行公文的命令，避免小的害处却不想因此失去了更大的利益。总督对下面情况的监督与指导，虽然焦头烂额、口干舌燥，但下面各级官员做事，只有公文往来的回复和说明，这是让人非常担心的第十四件事情。

大江东去，大势已成，人力已经难以扭转时局了。让人恐惧不安的土匪叛军跑到贵州地区，虽然是兵败逃跑而来，但也非常害怕他们勾结当地的反动势力，煽动百姓起来造反，这是让人非常担心的第十五件事情。

上面说的这些事情，就我所知道的来说，却已经是疾病多可用

的药很少，不是只靠一个人做些事情就能挽回的，也不是空谈去围剿就能挽救目前的形势。概括地说，也不过就是训练部队、招募人才、监督官吏、筹措军饷这四件事罢了。如果形势已经变得混乱，这是容易治理的；如果形势很稳定，那也是很容易治理的，但如果形势将要变得混乱就难以治理了。我是愚笨浅薄的人，即使殚精竭力，也很难对形势提供帮助，更何况一个人能有多少精力呢？一个人的才能见识又有多高超呢？正如用石头填平大海，就像瘦小的蚊子背着高山，我知道自己本来就难以承担这样重大的责任。

致枫弟（命运之说不可信）

命运之说，兄最不信。安分以待天时，不可与命争也，此乃枭雄安抚人心之语耳。天下事诚不当不度德不量力而一味盲进，然使委心任运，泄沓因循，何处寻场外举子？不可训也。敏弟近来颇犯此病，祈深戒之。

咸丰三年五月十二日

◎白话译文

关于命运的说法，我是最不相信的。安分守己地等待上天赐予的机会，不能跟命运进行抗争，这些都是那些枭雄安慰平抚人心的话罢了。天下的事情确实是不能不衡量自己的德行能否让人佩服、不估计自己的能力能否胜任就一味地盲目前进的，但是如果不关心、任凭命运自然发展，因循守旧，那么到哪里寻找考场外的人才呢？这可不能成为自己的做事法则啊！敏弟近来经常会犯这种毛病，希望你一定要好好地劝他改掉这种毛病。

致枫弟（是非当返问于己）

近因粤匪弃武昌，下金陵，掠江西，往来无定，有类流寇，湖广吴帅奏调兄入鄂办事，帮理军务。兄待旨意一下，即日带领黔勇数百人，径往湖北，不再回里。太夫人因路途跋涉，令黄安护送返益，姑俟到鄂后，察看情形，再行迎养。来函谓是非至无一定，唯视势力之强弱为标准，语亦稍嫌偏激。大概是非不当求之于人，而当返问于已。悠悠之口，肆其簧鼓以颠倒曲直，确为数见之事，衰世尤甚。然清夜以思，曲则衾影自惭，此心正忐忑不能安放得下耳。

咸丰三年十月初七日

◎白话译文

最近因为广东的强盗土匪离开了武昌，到了金陵（今南京），在江西抢劫，来去都不能确定、难以捉摸，跟到处流窜的盗匪很相似，湖广的吴帅就奏请朝廷想调动我去湖北办理公事，帮助治理军队的事务。我准备等到朝廷的圣旨下达后，当天就带领几百名贵州士兵，直接前往湖北，不再回到家乡了。我母亲因为路途遥远、跋山涉水，就命令黄安把她护送返回益阳，姑且等我到达湖北后，察看一下那边的情况，如果可以的话就把母亲接过去奉养。你写信来说世上的事情谁对谁错没有一定，只有把势力的强弱作为一个标准，我认为你说的话还是稍微有些偏激了。或许谁对谁错不应该去问别人，而应该返过来问问自己吧。众人的闲言闲语，用极为动听的话迷惑他人来颠倒是非曲直，这的确是经常遇到的事情，而且在动荡衰微的社会里这种情况会更严重。但是当你在寂静的夜晚反思自己时，认识到错误的话后自己的影子都会感到惭愧，良心正七上八下而不能安稳下来吧。

致保弟、枫弟（告坛角、洪山战况）

粤贼复陷武汉，人心大震。与涤帅细细商酌，因武汉地居天下之中心，扼长江之冲要，贼得之足以上窜豫直，摇动畿辅，下屏苏省，负固金陵，决难听其沦落，乃率众由赣回援。唯是贼众临满两举，其势甚张，兄以孤军支撑其间，人数既远非敌比，饷糈又筹措艰难，勉强对抗，煞费经营。所幸水师前来援助，危局转安，将领中迪庵素娴韬略，复勇于进攻，实为近今良好之将才，坛角一战，殊足以寒贼之胆。盖该处屋宇鳞次，墙垣至为坚固，自广粤洲至于城下十里，旧为市廛，最易藏坚。迪庵察度地形，料贼众必有埋伏，预先戒饬军士严阵徐行，贼众果以数千人伏于草埠堤上民房，暗施枪炮以击我军。迪庵当即令赵克彰、刘腾鸿分路攻入，火器初举，先将茅屋焚烧数处，渐渐逼近，烟焰弥漫，贼众见火光大起，所烧之屋系堆积粮物之所，伏贼既不能久匿而不起，而城中之贼复出五六千人，冒烟冲突。我兵用枪炮轮流攻击，继之以刀矛纵横出入，伏贼因火烈而自乱。城中援贼气为之夺，我兵因而乘之，贼大败，经此大创，坚闭不复敢出。

其后罗山营于洪山以防宾汤门之贼，双方鏖战，而我军殊效命，冲锋数次，贼众头目之丧元者几有五十余人之多。尸横遍地，见之心酸。忽宾汤门之贼，约万人，出而接应，并欲直扑洪山大营，以图一逞。罗山当自洪山驰下，兜头迎剿，贼又大溃。罗山乘胜穷追，贼已大半退入城中。罗山不舍，意欲尾之而入，贼惶急之余，放下闸板，以致闭于城外之贼尽为我勇所歼，约计亦有五六百人。而城下枪炮密如雨点，罗山立马城外，左额中枪子，血流被面，衣带均湿，然犹驻马一时许，强立不移，贼亦不敢再出。罗山虽薄城受伤，然退驻营中，照常视事，兄闻讯后亲往洪山看视，其伤伤深二寸，子入脑不出，虽延医为之诊视，而卒不救。伤哉！罗山以诸生办理湘乡团练，忠义至性，感动乡里。率其亲邻，转辗湖南、江西、湖北，大小二百余战，所至之处贼众辄闻风而溃，克大城二十，实为兄所倚为心腹者。此次受伤而没，兄为痛哭。当其易箦之际，坚握兄手，言危急时站得定才算有用之学。今武汉未克，江西复危，力薄兵单，不能两顾，死何足惜，事未了耳！其与李续宾好为撑持云云。尤足令兄椎心。现已将其殉难情形奏请优恤，然而阿兄则仿佛失一左臂也。

咸丰六年四月初二日

◎白话译文

广东的贼寇又攻陷了武汉，民心都大为震撼。我跟涤帅认认真

李续宾（字迪庵）像

真地商量斟酌了一番，由于武汉处在国家的中心位置，是扼守着长江的战略要地，贼寇攻占武汉后向北就可以直击河南河北了，直接威胁京城周围地区的安全，向南还可以把江苏省作为屏障，直接掌控着南京，我们下定决心一定不能任由武汉落入贼寇之手，于是率领大批军队从江西赶回去增援。只是贼寇人数众多，气势非常嚣张，我只带领着一支队伍在那里支撑着，士兵的人数已经远远不能跟敌人比较，粮食军饷筹措起来又非常艰难，我们只能勉强坚持抵抗了，真是费尽了心思。幸运的是水军部队赶来援救帮助，危急的局面才变成了安全。将领中有个叫迪庵的人，他平时对作战用兵的计谋非常熟悉，而且又勇敢地组织进攻，的确是现今非常难得的一位将军，在坛角的那次作战，应该足够让贼寇胆颤心惊了。大概因为那里的房屋庙宇排列得非常紧凑，墙体又非常结实牢固，从广粤洲一直到城下的十里区域，之前是市井做生意的地方，最容易隐藏在里面了。迪庵去考察度量了那里的地形，猜测肯定会有很多贼寇埋伏在那里，所以提前告诫军士务必严阵以待、缓慢前进，果然有几千名贼寇埋伏在草埠堤上的民房里，暗地里开枪放炮攻击我们的部队。迪庵当时立刻命令赵克彰、刘腾鸿分兵两路攻进去，开始举着火器，先烧毁了几处茅屋，等到火势慢慢逼到面前时，浓烟火焰弥漫得到处都是，众多贼寇看见到处都是火光，因为那些着起来的房屋都是堆积屯放粮食的地方，埋伏在里面的贼寇已经不能长时间藏在里面不出来了，然而城里面又跑出来五六千名贼寇，冒着烟火厮杀过来。我们的军队就用火枪火炮轮流进行攻击，紧接着用刀和矛冲过去与贼寇厮杀，埋伏的贼寇因为大火猛烈早就自己乱了阵脚，城里冲出来增援的贼寇见此情形都夺路而逃了，我军就乘胜追击，贼寇彻底失败了。经过这次严重受创，贼寇始终紧闭城门再也不敢出来作乱了。

从那以后，在洪山安营扎寨的罗山带领的部队防范宾汤门的贼寇，双方展开了激烈的战斗，但是我们的士兵非常勇猛效命，多次进行冲锋进攻，杀死的贼寇首领将近有五十多人。地上的尸体到处都有，看到这样的情景真是令人倍感心酸啊。有一次宾汤门的贼寇突然冲出来，大约有上万人，冲出来试图接应，甚至想直接进攻到在洪山的大本营，企图一次强攻就夺取胜利。罗山从洪山一直冲进去，迎面围剿消灭贼寇，贼寇又全部溃败了。罗山乘胜追击，大部分贼寇都已经撤退回到了城里。罗山仍然紧追不放，想要跟随贼寇直接攻进城里，贼军恐慌紧急地放下了闸板，导致被拦在城外的贼寇部队全都被我军歼灭，大约总共有五六百人。但是城下的枪炮大响，密集得像雨点一样，骑马站在城外的罗山，左侧的额头也中了枪弹，流出来的血盖住了整个面部，衣服也全都被鲜血浸透了，然而就是这样，他依然骑马站在那里一个多小时，坚持站着不肯离开，贼寇的部队再也不敢出来了。虽然罗山在攻城的时候受了重伤，但是退到驻地大营后，他仍然像往常一样亲自训练部队。我听到这个消息后立刻亲自到洪山探望罗山，他的伤口深有两寸，子弹进入脑子后取不出来了，虽然后来找来医生为他治伤，但最后还是没有把他救过来。真是令人悲伤啊！罗山是以诸生的身份管理湖南的军队训练，忠肝义胆、品性卓绝，乡里百姓都被他感动了。罗山带着自己的亲戚邻居，在湖南、江西、湖北辗转往复，参加过大大小小的战争两百多次，只要是他到过的地方，贼寇们立刻会望风而逃、溃败不堪，他们攻战的大些的城池有二十座，确实是我所能倚靠的心腹之人。对于这次他因受伤而死亡的事，我感到非常

罗泽南（号罗山）像

悲痛，大哭不止。在罗山临死的时候，他紧紧地握着我的手，说在危急的时刻要能站得稳那才算是有本事。现在武汉还没有攻打下来，江西又陷入了危急形势，我军力量单薄兵力不足，不能做到两面兼顾，死也不值得可惜的，只是事情还没有结束啊！他还跟我说要和李续宾好好地坚持支撑下去等一些话。尤其让我悲伤，真是锥心之痛啊。现在我已经把他英勇殉职的情况奏报给朝廷，请求从优抚恤，但是兄长我仿佛是失去了一只左臂啊。

致保弟、枫弟（谈武汉之重要）

省城贼众守御益力，罗公罗山既捐躯报国，兄以该师尝号精劲，骤失主帅，士气恐因而颓丧，乃急遴委其弟子李迪庵代领其众。迪庵廉明爱士，至诚感人，实为近今不可多得之将才。此次脱颖而出，定能胜任愉快。石逆不得志于皖，又灼见武昌濒子危殆，赶率三万贼寇来救。兄与续宾分张两翼，并令水师在鹦鹉洲以作声援。石逆虽悍，竟不得逞，败窜而去。恐将突至豫境，已函知涤公设法堵剿。武昌汉阳，形势壮阔，为自古用武之地，荆襄为南北之关键，而武汉又为荆襄之咽喉，武汉有警，则邻疆震惊，南北均阻。控制倘稍失宜，全局缘以变动。数年来屡克屡陷，国帑虚糜不小，民间受祸尤烈。然吾仍以全力倾注，不稍爱惜财力，并不稍以民命为念者，此中实具有万不得已之苦衷。盖鄂省为东南一大都会，具高屋建瓴之势，控制长江最为容易。故历稽史乘，莫不视为要冲：周室征淮，师出江汉；晋代平吴，谋在荆襄；王濬造船，循江而下；陶侃之勋，镇守武昌；宋臣岳飞、李纲，亦必谋划岳鄂以图进取，均为同一眼光，同一手法。

夫善斗者必扼吭，善兵者尤审势，今欲平吴，必先保鄂；欲保

石达开铜像

鄂疆，必先固武汉。此为不易之理。诚能恢复武汉，则水陆东征之师，即可恃作根本之地。夫然大营有据险之势，军士无返顾之虞，军火米粮可由之委输不绝，伤痍疾病可藉以休养无忧，贼寇虽多，复何足惧！故兄不惮烦难，力主先将武汉克复。立定脚跟，徐图发展。现在寇势已蹙，我兵则气壮而力厚，奇功之奏，想已在指顾间矣。二弟近日在家作何事业，侄辈读书进境奚如？明岁已聘定良教师否？至念。余俟续闻。

咸丰六年九月十三日

◎白话译文

近来省城的叛军增加兵力加强了防御，罗山公已经为报效国家舍弃了自己的生命，他率领的这支部队一直号称是最精锐强劲的部队，我担心突然失去了主帅，部队的士气恐怕会因为失去主帅而变得颓废，于是我抓紧选拔委任罗山的弟子李迪庵接管这支部队。迪庵为人廉洁英明，非常爱护自己的军士，他的无比真诚感动了很多人，确实是现今非常难得的将帅之才。这次迪庵能显露出自己的全部本领，相信一定能够胜任并出色地完成任务的。反贼石达开在安徽那边的进展很不顺利，又了解到武昌的形势非常危险，立刻带领三万贼寇赶来营救。我与李续宾兵分两路形成像两只翅膀的阵势，并且命令水军部队在鹦鹉洲作为支援。反贼石达开的兵力虽然强悍，但竟然不能得逞，最后以失败的结局逃窜离开。我担心他的部队将会突然逃到河南境内，已经写信告诉涤公要想方设法对其堵截围剿。在武昌汉阳，地形地势雄壮辽阔，自古以来就是兵家的用武之地，荆州和襄阳地区是南方和北方的关键所在，而武汉又是荆州和襄阳的咽喉之地，如果武汉遭遇危险的话，那么邻近的其他地方也会受到巨大的影响，南北的交通往来都会受到阻碍。如果对这个地方稍微控制不当，那么整个局势都会因此而发生改变。多年来，这里多次被攻克又多次沦陷，消耗了很多国库钱财，百姓遭受的祸患尤其严重。但是我仍然竭尽全力把一切都倾注在这上面，一点都不吝惜花费钱财和人力，并不是我不关心百姓的生死，这其中我实在是有不得已的苦衷啊。因为湖北是东南部的一个大都会，具有掌控全局、无法阻挡的优势，从武汉控制长江是最容易的。因此，历史上的历朝历代的官员们，都把这里看作是交通要道的关键之地：周朝征伐叛乱，军队就是从江汉出发的；晋代平叛吴国，最初谋划的就是荆襄；王濬制造船只，沿着长江而下；陶侃立下的功勋，就是镇守武昌；宋朝的大臣岳飞、李纲，也一定是先谋划了湖北再图谋继续进攻，所有这些例子都是出于同样的眼光，采用了相同的手段。

善于搏斗的人一定要先抓住咽喉，善于领兵作战的人尤其要考察形势，现今如果要平定吴地，一定要先保住湖北；想保住湖北边境，就必须先使武汉稳固。这是亘古不变的道理。如果真能夺回武汉，那么向东征伐的水军和陆军部队，就可以把武汉作为大本营了。因为大本营具有占据险要地势的优势，那么军士就没有返回的顾虑了，军火军粮都可以从这里源源不断地输送过去，受伤患病的士兵也可以在这里毫无忧虑地休息养病，即使贼寇再多，又有什么值得担心的呢！因此我不怕艰难困苦，极力主张先把武汉攻克下来。站稳了脚跟，再慢慢地谋划以后的发展。现在贼寇的形势是已经遭受了打击，而我方的部队是气势雄壮、力量雄厚，我想胜利的消息应该很快就会到来了。近来二弟在家里都做些什么事情，几个侄儿读书有没有什么进展呢？明年是不是已经确定聘请一位好老师来教他们呢？我非常挂念这些事。其他的就等到以后慢慢再说吧。

岳飞画像

致保弟、枫弟（告攻克武汉等事）

接覆书，知弟辈均佳，母亲大人亦已回家，且精神健旺，足慰人子在外悬念，至为欣喜。侄辈读书虽鲜进步，然读书一事，本贵恒而贱骤，如能孜孜矻矻，日知其所亡，月无忘其所能，则久久自有成效，否则一暴而十寒，进锐而退速，反不能造就高深。故兄意如侄辈能缓进，已属可喜，正不必期望太奢也。明岁所请之师，如章明经肯来最好。此公性情和易，然有威严，教授勤恳而不迂腐，侄辈有此名师指点，受用必不浅，特恐其不肯来耳。

武昌之贼寇，凭坚困守，诱之不肯来，兄以攻坚无益，徒苦士卒，乃商之迪庵，决浚长濠困之，一面使水军下扼沙口，断贼接济，如是相持者多日，贼粮械两缺，困惫不堪，前月二十一日出为背城之战，我军蓄锐既久，士气大奋，水陆兵勇分途同举，喊声震地，贼力不支，复退入城。兄目击情形，知时不可失，乃急庵令各军夺门斩关。巷战多时，贼胆益怯，纷纷如鸟兽散。生禽其伪检点古又新、赖集贤等五十四人，先锋八百余人。坚城之下，虽非出于意外，然非仰仗国家威福，及将士用命，恐肤功之奏，尚有待于时日也。最可喜者，官使相亦适于是日克复汉阳。武汉既下，大局有转危为安之象，人心亦可为之镇定。唯是江西腹内七府尚陷于贼手，与四年之仅失九江者尚有不同。江西腹地与武汉均有唇齿相依之势，欲固武汉，自当耀兵九江城外，以杀贼势。现已与官使相商定东征办法，以都兴阿统马队，李续宾统步军，杨载福统水师，合力进攻，楚北方面大概可望无事。前日奉旨赏加头品顶戴，并实授湖北巡抚，官位愈崇，权责愈重，兄之菲才，实有不胜担负之惧，唯有矢勤矢忠以报答天恩于万一耳。今冬天气阴寒异常，顽躯粗适，勿念勿念。

咸丰六年十二月十五日

◎白话译文

接到你的回信，知道几个弟弟的情况都很好，母亲大人也已经回到家乡，而且精神状态非常健康旺盛，这足以告慰我作为儿子在外地对母亲的惦念了，我感到特别欣慰喜悦。几个侄儿虽然在读书上取得的进步很少，但是读书这种事，本来就是贵在坚持而急不得的，如果能够做到坚持不懈、吃苦耐劳，每天都知道自己该怎样度过，每个月都不会忘记自己所能做的事情，那么时间长了自然会见到成效，不这样的话那么时而勤奋时而懒惰，不能一直坚持下去，进步快而且退步也快，反而不能成就高深的学识。因此，我的想法是如果侄儿们能慢慢地进步，也算是一件非常高兴的事情，完全没有必要有太多的期望。明年打算邀请老师，如果章明经愿意来的话那是最好的。这位先生性情谦和平易近人，然而非常有老师的威严，讲授知识勤勤恳恳却不迂腐，如果几个侄儿能够得到这位名师的指导，获得的好处一定会不少，我担心的只是他不愿意来啊。

武昌城里的贼寇们，凭借坚固的城池拼死抵抗，对他们采取引诱的策略却不愿意出来，我认为正面攻击的作用不大，这样只能白白地让士兵们受苦，于是去找迪庵商量，决定挖掘一个大水沟把他们困在那里，一方面可以让水军部队从下游守住沙口，截断贼寇的补给。像这样两军相持的形势有很多天了，贼寇的粮食武器都很匮乏，将士们都非常困顿疲惫。上个月二十一日终于出城来决一死战，我方的部队养精蓄锐已经很久了，士兵们的斗志非常激昂，水军和陆地部队分路一起进攻，冲杀声惊天动地，贼寇的军力不能支撑，又退进了城里。当时我亲眼看到这种情况，知道这种时机一定不能错过，于是急忙让迪庵命令各路兵马攻进城门截断退路。经过长时间的巷战，贼寇的胆量变得更小了，像鸟兽逃窜一样纷纷溃逃。我军活捉了贼寇的检点官古又新、赖集贤等五十四个人，抓获先锋八百多人。攻取了这座坚固的城池，虽然不是超出意料之外的，但如果不是仰仗着国家的强盛和福佑，以及大将士兵们舍命英勇作战，想向皇上发去此次战争胜利的捷报，恐怕还要等待很长时间啊。最值得高兴的是，官使相（人名）也恰好是在这天攻取光复了汉阳。

晚清湘军水师统帅杨载福

既然已经攻下了武汉，那么整个局势有转危为安的迹象了，民心也可以因此而安定下来。只是江西境内还有七个州府沦陷在贼军手中，与咸丰四年只失去九江的情况还有些不一样。江西的中心地带与武汉的关系紧密，是相互依存的形势，想要巩固武汉，就应当向九江的贼寇炫耀一下强大的兵力，这样就可以打压贼军的嚣张气势。现在我已经和官使相商量确定了东征的办法，安排都兴阿（人名）统领马队，李续宾统领步军，杨载福统领水军，协同配合向贼寇发起进攻，那么湖北北部希望就能没什么事了。前两天朝廷下旨赏赐我头品顶戴，并且授予我湖北巡抚这种具有实权的官职，官位越来越高，权利和责任也就更重了，我这点小小的才能，实在是有不能担负重任的恐惧，我只有发誓用我的勤奋和绝对的忠诚来报答皇上恩情的万分之一了。今年冬季天气特别潮湿寒冷，我这身体勉强还能适应，不用挂念我。

致保弟、枫弟（时局艰危之状）

武汉虽克，人心愈涣；粤逆暂去，土匪又炽，此等危局，支撑煞费力量。兵荒之后，人民生计万分艰困，节衣缩食之未能，强者铤而走险以求饱暖，天下滔滔，深为栗栗。兄谬膺疆寄，实无才能，唯有与幕僚和衷共济，思所以拯援天下耳。弟等在家，总望教子侄辈刻苦自励，毋堕家声。

咸丰七年三月十四日

◎白话译文

虽然已经攻取了武汉，但是民心越来越涣散；广东的逆贼暂时逃跑了，但是土匪又开始折腾，这样危险的局势，想支撑维持下去真是太耗费精力了。战争结束后，百姓的生活非常艰难困苦，如果尽量节俭穿衣、减少饮食还不能改变现状的话，那些身强体壮的人为了能吃饱穿暖就会铤而走险，全国遍地都是这样，我深感担忧。我勉强地承担这样的重任，实在是没有什么才能，只有和自己的幕僚们齐心协力、共度难关了，希望能拯救帮助天下的百姓罢了。弟

弟们在家里，我一直希望你们能教导后辈子弟勤奋刻苦、不断进取，千万不要败坏了我们家族的名声。

致保弟（谈抚敌之弊）

近日贼寇之势日益迫蹙，幕友中颇有人主抚者，兄殊不敢谓然。大凡受降之事较打仗为难，受降之祸亦较败仗为烈。彼贼寇原属亡命，素不知礼法为何事，既已潢池弄兵，是叛民也，大张挞伐，方足以歼彼小丑而保治安。若当穷无所之之时，为网开一面之举，是苟且目前之图也，异日必将贻无穷之祸。明季误抚，殷鉴匪远。故兄力主不可。吾弟谋虑周匝，对于剿抚事意见如何？昔武侯治蜀，集思广益，兄虽顽愚，然尚不肯好自用，望有以告之。

咸丰七年四月廿六日

◎白话译文

近几天贼寇的气势越来越窘迫困顿了，幕僚中有很多人主张招抚贼寇，我认为那样确实有些不合适。一般情况下，接受投降的事情比打仗的事情更难，接受投降所引起的灾祸也比打败仗造成的灾祸更惨烈。那些贼寇本来就是亡命之徒，本来就不知道什么是礼义道法，既然已经起来叛乱造反，就是反叛国家、反叛人民的，我们

只有大张旗鼓地讨伐攻击，用武力使他们屈服，才能歼灭那些造反的叛贼从而保证国家的安定。如果就在他们穷途末路不知去哪里的时候，对他们手下留情、网开一面，那是对眼前的小困难妥协的肤浅计划，将来一定会带来无穷无尽的灾祸。明朝末年错误地安抚，那个深刻的教训离我们并不远吧。因此，我极力主张不能安抚贼寇。弟弟你谋划考虑问题比较周密，对于是围剿还是招抚这件事有什么看法呢？过去诸葛亮治理蜀地时，常常搜集各种意见、广泛地采纳有益的见解，我虽然愚钝顽固，但还是不会自以为是、刚愎自用的，希望你有意见或建议的话能告诉我。

致保弟（再谈抚敌利弊）

获手示，所述抚之利害，甚详且备。至言不难于抚，而难于抚后之安置，尤为洞见症结所在，至堪钦佩。贼势虽蹙，而心未死，外援不来，饷械两缺，明知死守之不足恃，则佯示受抚以图再举。斩草不除根，来春必复发。前明张献忠之祸，非误于熊文灿之一抚耶！兄对于此事熟权利害，贼非必不可抚，唯先须临之以兵力，使知有儆慑。其魁酋之健者，决不能稍予优容以博宽大之名。至其余众，苟有悔悟之真诚，方可予其自新之路，然亦必妥为遣散，或问明其地方里居，递回原籍，务使彼辈不复恃众再叛，方为上着。否则骤添多人，不特饷糈无从筹措，即能养其口腹，亦难保不有饱则飞飏之惧。倘或散播流言，煽惑部曲，则误国计，害民生，非我抚贼，转为贼抚，可不慎哉！兄持此意，本有成竹，得弟一言更增坚决矣。天气渐暑，益阳如何？望善珍摄。

咸丰七年五月初七日

◎白话译文

收到你的回信，信中所说招抚的各种利弊，特别详细且完备。信中所说招抚并不难，困难在于招抚之后的安置问题，这种说法非常清楚地指出了问题的关键所在，我特别佩服你。现在贼寇的形势虽然受到了控制，但是叛乱造反的念头没有打消，只是因为外部的增援没有到位、粮饷和武器都很匮乏，他们非常清楚拼死把守的话是根本守不住的，于是假装表态投降接受招抚，为的就是以后再图谋造反。如果斩草不除根的话，明年春天一定又会发出新芽。明朝前期张献忠祸乱天下，不就是被熊文灿的一次招抚耽误了吗！我对于这件事已经仔细考虑、权衡利弊了，觉得也不是一定不能招抚贼寇，只是必须先对他们施加武力，让他们知道害怕从而起到警告威慑的作用。对于贼寇的首领，绝对不能为了博取宽宏大量的名声而对他们有一点点优待宽容。至于其余的大多数贼寇，如果能真心地悔过自新，也能给他们一个重新做人的机会，但是也一定要妥善地遣散他们，或者可以问清楚他家住哪里，然后送回原籍，务必让这些人不会再聚集起来造反，这样做才是上等的策略。如果不这样，那么突然增添很多人，不只是军饷口粮给养没有办法安排，即使能够供应粮食，也难保没有吃饱饭就闹乱子这样让人恐惧的事情。如果有人散布传播流言，煽动迷惑百姓、歪曲事实，那就是祸害国家、祸害百姓，到时就变成不是我招抚贼寇，而是贼寇招抚我了，因此怎么能不小心谨慎呢！我坚持这种想法，也打定了主意，得到了弟弟你的这番言论就更坚定了我的决心。天气慢慢热起来了，益阳的天气怎么样呢？希望你注意饮食、好好保重身体。

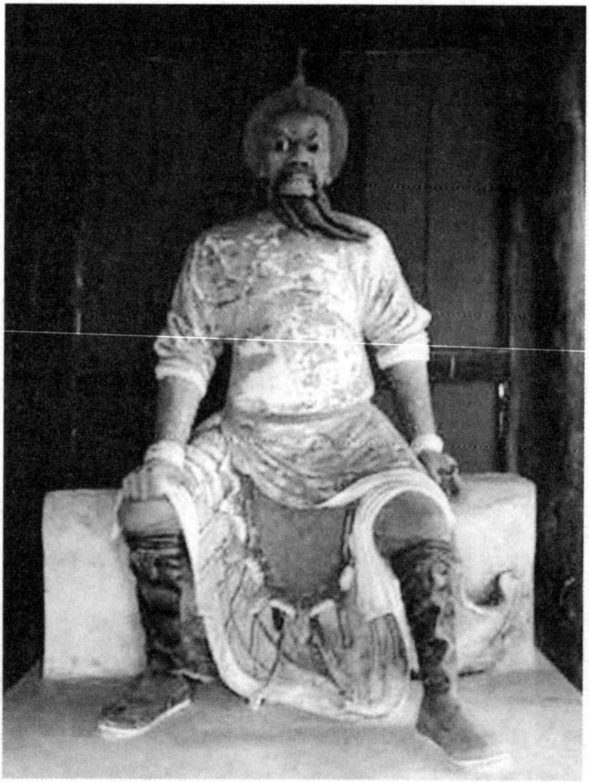

张献忠像

致保弟（皖事堪忧）

现在皖事甚棘手：连年荒歉，民已不堪，今又苦旱蝗，遂致大局溃变。贼本志在劫掠而已，然亦因荐饥而无从劫掠，乃利用机会鼓动市人，骚掠各地，其数无虑数十万，声势甚为浩大。翟邱、霍山、英山、太湖、宿松、黄梅、广济、罗田、蕲州、蕲水等处，咸遭蹂躏。倘再蔓延，益有不可收拾之势。已拟令唐军自襄回援，以杀其势，兄并拟亲目视师，以鼓士气。迩来天灾人事，迫成贼寇之害，病中心腹，殊非头痛医头脚痛医脚所能了事。然欲为根本之图，微论兄无此才识，而形格势禁，实亦有所不能，东征西讨，终非长治久安之计，奈何奈何！

咸丰七年闰五月十九日

◎白话译文

现在安徽的事情特别难以解决：接连几年发生了灾荒、庄稼歉收，百姓的生活已经困苦不堪，今年不幸地又赶上了旱灾蝗灾，于是导致整个局势出现了恶化。贼寇本来只是想抢劫掠夺罢了，但是也因为现在的饥荒而没有可以抢劫的东西了，于是利用这样的机会煽动百姓，骚扰动摇各个地方的社会秩序，人数估计至少有十几万了，反动声势特别浩大。瞿邱、霍山、英山、太湖、宿松、黄梅、广济、罗田、蕲州、蕲水等地，全都遭受了蹂躏践踏。如果这种形势继续扩大的话，就更难以收拾残局了。现在我已经打算命令唐字营部队从襄阳回去增援，来打消土匪贼寇的气势，我还准备亲自视察部队来鼓舞士气。最近天灾人祸接连发生，最终导致了现在贼寇的祸害，病根是在内部出现的，实在不是头痛了就治疗头部、脚痛了就治疗脚部就能解决的事情。然而如果想从根本上解决问题，私下里说我确实没有这种才能和见识，而且现在受到形势的阻碍和限制，也实在是做不了什么，四面出兵征战讨伐，终究不是能够长治久安的计策，该怎么办呢！

致保弟等（兵败之后所思）

兵凶战危，自古引为戒惧者。年来日事讨伐，固由于贼寇之猖狂，实亦心中所至难安者。此次诸营全溃，遗失军装器械至以万计，苟非左、舒两公力战，几有一蹶不能复振之势。静坐思之，惭愧不可见人。兄受国厚恩，义无反顾，生命存亡早置度外，唯是贼寇一日不歼灭，百姓一日不能安居乐业，故虽当败北之余，犹图为桑榆之补。现正收辑兵勇，补缮军械，删汰衰弱，约束队伍，进驻蕲水以期再举。其济则君之灵也，不济则亦无颜再生人世矣。家中事，弟好自支持，原无不放心处，唯老母在堂，抛之而去，未免负罪滋大耳。

咸丰七年七月廿四日

◎白话译文

战事凶险危急，自古以来都被认为是需要警惕和畏惧的事。几年来每天到处征战讨伐，固然是因为贼寇的猖狂，实际上也是因为内心很难有安全感导致的。这次各路兵马全部溃败，遗失损坏的各种装备、器械多达几万件，如果不是左、舒两位大人全力作战，情况差不多到了一蹶不振的地步了。坐下来安静地想一想，我感觉惭愧不已，真是没有脸面见人了。我承受着国家深厚的恩情，一直是勇往直前没有丝毫的犹豫回避，早已将个人生死置之度外，只是贼寇一天不被歼灭，百姓就一天不能安居乐业，所以虽然我们现在遭到了失败，但还是想为国家尽力弥补损失的。现在我正征收士兵，补给修缮作战器械装备，删减淘汰队伍中战斗力不强的士兵，加强部队管理，驻扎在蕲水等待再次进攻的机会。如果能够成功，那是死去先人的保佑；如果不能成功，那么我也没有脸面再活在世上了。家里的事情，弟弟自己要好好努力维持下去，原本就没有什么不放心的地方，只是老母亲还在世，如果我先离她而去，那我犯的过错罪责未免是太大了。

致保弟等（胜后悟用兵之道）

自进兵蕲水，移驻日山，士气大振。当再分路进攻，贼果大败，火其垒六十三，杀贼凡五千余，乘胜急追，已至小池口。楚境肃清，吾弟闻之当亦为之雀跃。兄观于此次战后，而有所悟。大凡用兵之道，第一要将领得人，第二要口粮充足。盖兵勇无不可用者，其人类皆质直，无狡滑气，命令一下，无敢违抗。使将领而有规划之干才，进取之勇气，则以贼众之乌合，不难十荡十决。唯口粮却亦不可缺少，口粮缺则怀怨望，怨望生而不为将领所用，哗变堪虞，安能操胜算哉！故兄以后对于将领之勇而廉者，尤当选拔。鲍镇军募勇湖南，兄处已有公事到省，弟能拨暇助其挑选，至佳。

咸丰七年八月十八日

◎白话译文

自从军队进驻蕲水之后，驻扎地点迁到了日山，军队的士气大为振作。于是就又分路进攻，贼寇果然大败，烧毁了他们的六十三个营垒，总共杀死贼寇五千多名，我军乘胜紧追，现在已经到达

清军战阵

了小池口。湖北境内的贼寇彻底清理干净了，弟弟你听到这个消息后应该也是非常高兴的。我经历了这场战争后，仔细观察反思，悟出了很多道理。一般来说领兵作战这种事，第一就是要有个好的将领，第二就是要粮食供应充足。大概世上没有不能任用的士兵，他们的品性本质好像都是正直的，没有狡猾的习气，只要一下达命令，就没有敢违抗的。假使将领又具有谋划的才能，奋力进取的勇气，那么任凭贼寇的乌合之众，消灭他们取得全胜并不难。只是口粮也是不能缺少的，如果缺少粮食的话，士兵就会心怀怨气，心生怨念就不能很好地被将领安排使用，甚至哗变造反也是很难预料的，怎么可能会稳操胜算呢！因此，我以后对于那些英勇廉洁的将领，尤其应当优先选拔任用。鲍镇的部队在湖南招募士兵，我这里因为已经有公事要去省城，弟弟你如果能抽出时间帮助鲍镇挑选士兵，那是最好的了。

致保弟等（移风易俗教化为先）

天下滔滔，风俗愈趋而愈下。移易之法，教化为先。特官之于民，尊而不亲，条告视为具文，刑章亦幸图苟免。不若乡里之士大夫，朝夕与处，情易通而言易入也。鄂经兵燹，民气凋残，兄忝长是邦，义当搜求贤俊，以开风气。近日获交数人，如兴国处士万斛泉，家贫性孝，取与不苟；前学臣龙启瑞及其弟子宋鼎、邹金粟等，不求仕进，乐道安贫，砥砺廉隅，为乡里所矜式，是皆力足以挽回颓风而端趋向者。现拟奏明皇上，赏给荣衔，以资观感奋兴，顽廉懦立。吾弟在乡，亦宜时求贞谅之士，与之亲近，进德修业，胥系之矣。

咸丰七年八月廿九日

◎白话译文

天下之大，民风习俗变得越来越糟糕了。改变现状的方法，就是首先要采用教育感化。现在的情况是官员对百姓，显得尊贵而不亲民，颁布的条文告示都被当作摆设，触犯的刑法规章也要想方设法谋求赦免。不像乡里的士大夫（旧时指官吏或较有声望、地位的

知识分子）那样，与他们相处时间长了，通情达理而且很好说话。湖北经过战争造成的破坏，百姓生活凋敝衰落，我作为这个地方的长官感到非常惭愧，理应搜索寻找一些贤能才俊，来帮助恢复民间的风气。这几天有机会跟几个人进行交流，比如兴国州的万斛泉，家境贫困、本性孝道，对于付出和收获没有一点儿马虎；学识渊博的退休大臣龙启瑞和他的弟子宋鼎、邹金粟等，不追求仕途通达，安于生活在贫困的环境中，把保守道义作为生活的乐趣，磨练节操端正品行，被称为乡里的楷模，他们都是完全有能力扭转颓废民风、端正社会风气的人才。我现在打算向皇帝递上奏章说明，给他们封赏光荣的职衔，使他们看到并感到兴奋，从而使贪婪的人能够廉洁、怯懦的人能够自立。弟弟你在家里，也应该经常去寻求贤明的人，并与他们多接触亲近，提高自己的道德修养和功业建树，都要从这些事做起的。

致敏弟（论快乐）

吾弟来书，颇以家居不能快乐为恨。兄意快乐诚为人生要事，然亦须自己求之，非他人所能勉强而致者也。安乐之境，至为无定，同一处境，而彼此之苦乐不同，其所感者异也。若族伯希凡者，衣罗绮，醉肥鲜，宜乎乐矣，然常终日戚戚，询其故，则身体太弱，且多病，不能游玩如意也。若许丈伯渊者，年高德劭，位尊金多，宜乎乐矣，然常终日郁郁，询其故，则生子不育，嗣续犹虚也。又若龙皋丞者，三代同堂，妻贤子顺，宜乎乐矣，而亦愀然常忽忽若有所失，询其故，则年荒世乱，坐食甚艰难也。又有马丈湘汉者，家计未必富裕，子女之担负尤匪轻，宜乎不乐矣，然试至其家，则熙熙皞皞，若登春台。

是可知人苟常存知足之戒，自无不快之怀。否则人之所欲无穷，而物之可以足我欲者有尽，美恶之辨战乎中，去取之择交乎前，则可乐者常少，而可悲者常多，此亦不移之理也。

吾弟父母俱存，兄弟无故，此乐已非易得；读书之余，栽花庭前，养鱼池内，又足以涵养心灵；偶逢春秋佳日，则约二三知己，散步郊原，以游目而聘怀；虽遭时不造，中原时闻杀伐之声，而益阳僻处一隅，既无贼寇之警心，复鲜土匪之内扰，兄意若吾弟者，正神仙中人，此境殆非福薄者所能获，胡为而犹牢愁抑郁，忧心如焚耶！真令人大惑而不解者矣。或谓吾弟近颇思做官，未得官位，故神志浮越，兄以为又过矣。今之时世，非太平盛世可比，寇乱如毛，财用匮乏，身当其境者辄感痛苦，洁己而退者则有翰章、湘左、益生诸兄，彼岂薄富贵而敝屣尊荣哉？诚知时局之不易应付，与其跋前踬后，动辄得咎，不如深藏不市，在山泉清也。吾弟之学业较翰章如何？吾弟之干才较益生如何？吾弟之奥援又较湘左如何？倘竟贸然出仕，兄实甚为担忧。吾弟如果有意宦途，则趁此闲暇，先将历代吏治得失预为研究，又将近日政俗状况细加考察，世变愈急，需材愈殷，脱颖而出亦非难事。若无其实而尸其位，即不为清议所指摘，亦当内疚夫神明。吾弟其深思之，勿徒戚戚于心，有损身体也。兄爱吾弟，辄贡其愚直，望勿罪，鉴察为幸。保弟闻曾患恙，近日想已痊愈矣。

咸丰七年九月初五日

◎白话译文

弟弟你的来信我收到了，说起因为在家生活居住不能快乐，我感到非常难过遗憾。我的想法是快乐的确是人生中一件重要的事情，但是也需要自己去追求，并不是别人能勉强帮忙就得到的东西。幸福快乐的境界，的确是无法确定的，在同一种处境中，然而不同的人感受到的痛苦快乐是不同的，那是因为感受的人是不同的。像家族里的胡希凡大伯，穿着光鲜亮丽的绸缎，喝酒必有美味海鲜，应该是非常快乐的，但是他经常是整天闷闷不乐的样子，问他原因，回答说是身体非常孱弱，而且经常生病，不能随意地游览玩耍。再看许伯渊老人家，年纪大，品德高，地位尊贵而且金钱又多，应该是非常快乐的，但是也经常整天郁郁寡欢，询问他原因，回答说是没有生育儿子，担心以后没有后代能继承他的家业。再看龙皋丞这个人，家里三代同堂，妻子贤惠儿子孝顺，应该是很快乐了，但也经常是看上去面容憔悴、若有所失，向他询问原因，回答说是年头不好、兵荒马乱，靠现有的产业谋生非常困难啊。再看马湘汉老人家，家里的生活不一定很富裕，子女的负担也不是特别轻松，应该是不会快乐的，然而去他家看看，却是一种欢声笑语的氛围，好像身处春天一般。

从他们身上我们可以知道，如果人们经常能保持知足的心态，自然就没有不快乐的感觉了。要不然人的欲望是没有穷尽的，然而能满足我们欲望的东西是有限的，如果美好与丑恶的分辨斗争激荡在心中，选取与舍弃的选择交织在眼前，那么可以快乐的事情常常很少，而可以悲伤的事情常常很多（原句出自苏轼《超然台记》），这也是不能改变的道理。

弟弟你现在父母都活在世上，兄弟也一个都不少，这种快乐已经不是很容易能得到的；读书之外的空闲时间，你可以在院子里栽些花、水池里养些鱼，这就足够能修养身心了；偶尔遇到春秋季节的好天气，就邀约两三个自己的好友，到郊外的田野里散散步，可以观赏风景、抒发情怀；虽然赶上了一个不好的时代，中原地区时常听到杀敌征伐的消息，但是益阳地处偏僻的一个角落，既没有警戒贼寇侵犯的担心，又很少有土匪来骚扰的忧虑。在我看来像弟弟你这样的人，真是神仙一般的人，这种境界大概不是福气浅薄的人所能达到的，而你为什么还会愁苦抑郁、忧愁得好像有东西堵在心里呢？这实在是让人疑惑不解了。或者说是弟弟你近来特别想做官，没能得到官职，所以心情不好，我认为你这样又不对了。现在这个时代，不能跟太平盛世相比，贼寇乱党多如牛毛，财政经费异常缺乏，身处这种境况的人就会感到非常痛苦，为了保持自身廉洁而辞官隐退的人就有翰章、湘左、益生等多人，难道他们不想求得富贵而认为尊荣发达像浮云吗？他们深深懂得当下的局势是很难应对的，与其绊手绊脚进退两难，动不动就受到惩处，还不如辞官隐退，享受那山林清泉的宁静。弟弟你的学业跟翰章比起来怎么样呢？你的才干能力跟益生比起来怎么样呢？你的后台靠山跟湘左比起来又怎么样呢？如果你竟突然出来做官，我实在是非常为你担心忧虑。弟弟

你如果真有踏上仕途的想法，那就趁着这些空闲时间，先把历史上各朝各代官员的治理得失好好研究一下，再仔细地观察思考现在的政治民俗的状况，时代的变化越是快速，就越需要才能殷实的人才，到时候你脱颖而出也不是困难的事情。如果没有真才实学却占着那个职位，即使不会被社会舆论谩骂指责，也会在内心对先祖、神明有愧疚的。弟弟你还是再好好思考一下，千万不要只是心怀怨气，这样对身体是有损害的。我因为爱护弟弟你，就说了这些直白的话，希望不要怪罪，你要是能引以为鉴就更好了。听说保弟曾经生病了，想必这几天已经康复了吧。

致保弟（思为太平幸民）

前致敏弟一函，谅曾寓目。敏弟有心进取，志固未尝不是，但彼未知宦海风波，故尚有此兴致。兄则艰苦备尝，无意仕途，特因受国厚恩，当此戎马仓皇之候，不敢自暇逸耳。兄私自默念，年今四十六矣，此一二年中，如天之福，世宇澄清，兵气尽销，兄当退为太平幸民，奉母家居，与弟等徜徉山水胜处，饮酒赋诗，优游十载，或则聚侄辈数人，课之以书，于愿足矣。中心藏之，特未知何日能实践耳！

咸丰七年九月二十日

◎白话译文

前段时间给敏弟写了一封信，想必你已经读过吧。敏弟有积极进取的决心，这样的决心本来没什么不好，但是他还不了解官场里的各种风险，所以他还有做官的兴趣。我就是尝尽了各种艰难困苦，不想再做官了，只是因为得到了国家的厚恩，在这样兵荒马乱、社

会动荡的年代，我不敢只想着自己在空闲时间享受安逸罢了。我一个人默默地想，今年我已经四十六岁了，在此后的一二年里，如果能够得到上天赐给的福分，战争能够平息下来，社会生活重归清净，我就应该辞官归隐做一个太平盛世的老百姓，侍奉老母亲的生活起居，与各位弟弟一同游山玩水，饮酒作诗，无忧无虑地生活十年，或者是把几个侄儿聚集在一起，拿书给他们上课，教他们知识，这样我的心愿就实现了。我内心深处的这些想法，真不知道等到哪一天才能实现啊！

致保弟（拟迎奉母亲）

兄自离家井，宦游黔中，忽忽至今已逾十稔。值戎马之倥偬，图逸豫而未遑，母亲留居益阳，迄未能板舆迎养，清夜自思，不孝实甚。幸我弟在家定省有常，温凊无缺，稍足以减兄愆尤。现在鄂疆幸告平安，宵小不复敢横行，兄亦得以专心民治，着手严核漕弊，藉裕财源，较之曩昔，稍觉清简。兹特遣家人胡升来益恭迎母亲大人来署，俾于公退之余，得遂孺慕之思。何日启程，尚望吾弟先缮发一信为要。

咸丰七年十月廿九日

◎白话译文

我自从离开家乡，一直在贵州做官，时间一晃到现在已经超过十年了。身处这个兵荒马乱的年代，贪图安逸享乐却没有时间，至今仍把母亲留在益阳居住，到现在为止也没能把母亲接过来奉养，傍晚的时候反思自己，我实在是太不孝顺了。幸运的是弟弟你在家乡能够经常到家问候探望，衣食保暖上都没有欠缺，这就稍微足够

用来减少弥补我的过错了。现在湖北境内幸好已经平定安稳下来，贼寇再也不敢在乡里横行掳掠，我也能够专心地开展治理工作，打算开始严格治理漕运的弊端，通过这样的治理丰富财政来源，跟过去军务繁忙比较起来，能稍微感觉工作和生活清净简单一些。现在，我特意派遣家里的胡升去益阳迎接母亲大人到我的官署里居住，使我在办完公事的空闲时间里，能够满足我对母亲的思念之情。什么时候动身，还希望弟弟你最好先给我发来一封信。

致保翼弟（谈漕弊情形）

前书曾言兄将剔除漕弊，此事正不易着手。查鄂省各州县，额征米数多者二万余石，少者或千余石，或数百石。北漕南米，合征分解，其征收米石者谓之本色，以钱折米者谓之折色。其征收折色多寡不同，有本色多于折色者，有折色多于本色者，有本色折色各半者，有全收折色者。其征收折色者，每石折收钱或五六千，或七八千，或十二三千，或十五六千，竟有多至十八九千者。其征收本色，每石浮收米或五六斗，或七八斗，或加倍收，竟有多至三石零者。此外又有耗米、水脚等款另收，又有由单券票样米号钱等名，多端需索。向来漕运道，通时须有津贴，方能挽进入都，而丁船藉此需索兑费，为数甚巨。即现在停运免兑，帮费可省，而粮道有漕规，本管道府有漕规，丞倅尹尉各官俱有漕规，院署有房费，司署有房费，粮道署及本管道府署书吏各有房费，此冗费之在上者也。又有刁绅劣监，包揽完纳，其零取于小户者重，其整交于官仓者微，民谓之蝗虫。更有挟州县浮勒之短，分州县浮勒之肥，一有不遂，相率告漕，甚或聚众哄仓，名虽为民请命，实则为己求财也，官谓之蝗虫，费种种蠹弊，盈千累百，无不于州县取之，其派拨南米者，后田州

县自运交荆州府衙门，或交本色，或交折色。其交本色者，正米耗米之外拨定，尚需杂费银两甚多；其交折色者，每米一石，折银或二两或三两不等，要之费未交足，米故迟收，此冗费之在南米者也。夫州县既多冗费，势不能不向粮户浮收；州县既有浮收，势不能不受刁民挟制，于是大户折色之价日减，小民折色之价日增。土棍豪衿多方抗欠，猾胥蠹役从中欺侵，各州县虽勒折浮收，间有所得，半皆耗于上下冗费之中，而国家维正之供，往往征不足数，则相率捏报灾歉，藉缓征为腾挪，而漕政因之益坏，百余年来日甚一日，几有不可挽回之势。兄膺封圻重寄，钱漕系兄职守，知其弊窦，不容不为清理。况当兵燹之余，若听有漕州县，仍照前此之每石十余十收取，民力何堪负担！现在日与省中司道、武汉二府昼夜筹商，禁浮收，革冗费，并遴委干练大员，驰诣各州县体察情形，破除情面，分别删减，严立限制，明立章程，榜之通衢，俾穷乡僻壤一律周知，猾吏贪胥无从欺隐，取中饱之资，分益乎上下，务期积弊尽除，民力藉以稍纾，而国赋得归实际。唯是利之所在，人人得而争之，一旦发其痼疾，穷其利薮，取而还之于民，归之于公，将必有疑之怪之、且从而毁谤之者。然兄必欲实行，不畏艰难，苟利于国，苟利于民，即孰杀之歌，亦在所不恤。夫漕弊情形，各省相同，特非个中人不易发其覆耳。兹将弊之原委详以见告，吾弟阅之，感想何如？

咸丰七年十一月十四日

◎白话译文

我曾经在上次写给你的信中说到，将要消除漕运管理的弊端，现在开始做这件事非常不容易。我认真地考查了湖北省的各个州县，征收得到的粮食多的达到两万多石（重量单位，一百二十市斤为一石），少的或者几千石，或者几百石。南方的粮食通过漕运运到北方地区，征收粮食的政策是统一制定的，收取粮食是需要分散进行的，那些直接收取粮食的称作本色，把粮食按价钱折合成银两缴纳

古代的漕运

的方式称作折色。征收折色的多或者少是不相同的，有征收本色多于折色的，有征收折色多于本色的，还有本色和折色各占一半的，还有全收折色的。征收折色的情况是这样的，每石粮食折合成银钱有的是五六千文，或者是七八千文，还有的是一万两三千文，或者一万五六千文，竟然有多达一万八九千文的。征收本色的情况就是每石粮食要多收或者五六斗，或者是多收七八斗，或者是多收一倍，竟然有多收达三石粮食的！除此之外，还有耗米、水脚等项目要另外收取，还有通过单券票样米号钱等名目，千方百计地索取的。一直以来，进行漕运的时候都必须有津贴，才能带着粮食进入京城，然而运粮船会趁这个机会索要钱财，给了钱财才交给粮食，索要的钱财数目非常大。如果现在停止漕运免去支付兑粮的钱，那么运输粮食的费用可以省下来，但是中央管理粮食运输的部门有漕运的规定，各个地方分管粮食运输的部门也有漕运的规定，上下各级官吏也都有自己的漕运规定。中央拨给房费，分管的具体部门也拨给房费，中央的粮食运输管理部门和各个地方分管粮食运输的部门官吏都有各自的房费，这就是由于上层管理者而产生的多余的费用。另外还有各种品行不端的监察官吏和地方的有势力的官员，全部承接了税赋的缴纳工作，他们挨家挨户零散地收取的时候多收了很多，但是完整地上交给官府的部分却很小，这种土豪劣绅被百姓称作是蝗虫。甚至还有人拿州县擅自多收取税赋的短处向州县要挟，要求能分得一杯羹，一旦不能实现他们的愿望，就争相向朝廷状告漕运部门，甚至有人聚集众人哄抢粮仓，名义上虽说是为民请命，但实质上是为自己谋取钱财罢了，这种人也被官府称作蝗虫，费用上的各种贪腐的弊病，积累起来成百上千，没有一样不是从地方州县收取的。指派从南方调拨粮食的时候，后田州县自己将粮食运送交到荆州府的衙门，有的是交本色，有的是交折色。交本色的那些人，除了要缴纳规定数目的粮食和损耗之外，还需要缴纳很多杂费银两；交折色的那些人，每一石米，折合二两或者三两银子不等，要交的费用没有交够的，就推迟收取运来的米，这是因为从南方调拨粮食所产生的多余费用。地方州县已经交了多余的费用，势必不能不向缴纳税款的粮户多收法定之外的费用；地方州县已经有了多收的费用，势必会受到刁民的要挟限制，在这种情况下，各个大户交粮食折合的钱财越交越少，小百姓交粮食折合的钱财越交越多。地方上有势力的人想尽各种办法抗缴欠缴，贪污腐败的各级办事官吏从中捞取好处，各个地方州县虽然想方设法勒索多收，偶尔也会收到不少，但一半都耗费在了上下的多余费用中，然而国家维持社会正常运转所需费用的供给，常常是征收达不到数目，于是都纷纷捏造谎报灾情粮食歉收，借着延缓征收的名目把银钱转走挪用，然而漕政因为这变得更糟糕，一百多年来一天比一天严重，几乎到了无法挽救的境地。兄长我担任地方长官肩负重任，征收钱款监督漕运是我应尽的职责，看到漕运的弊端，不容许我不对漕运进行改革整顿。况且现在正是经历过战争破坏的时候，如果听取漕运部门和地方州县的意见，仍按照之前的每石都翻倍收取，百姓现在的实力怎么能承受这样的负担啊！现在我每天都和省里的漕运长官、武汉的府台大人日夜筹划商量，禁止多收费用，革除多余的费用，并且挑选委任干练的高级官员，到各个地方州县具体考察情况，打破排除人情因素的干扰，区分删减多余的收费项目，严格限制收取的费用，清楚地订立章程，在各个交通要道张榜公告，务必使各个偏僻地方的人们都知道这件事，让狡猾贪婪的官吏差役没有办法欺诈隐瞒，无法获取中饱私囊的钱财，这样做对上上下下都有好处，非常希望长期累积的弊端全都除掉，民力能借此机会稍微缓解一下，而国家税收也能按实际收取。只是只要有利益存在的地方，人人都会争相获取的，一旦把这些长期累积的弊端揭露出来，把那些可以从中获利的环节全部清除，把这些利益收回来还给百姓，收归国家，将来必定会有人对此表示怀疑、责怪，甚至对我极尽诋毁诽谤的。然而兄长我必须想实行下去，不惧怕艰难险阻，只要对国家有利，对人民有好处，即使因此被杀，也毫不吝惜自己的生命。漕运弊端的情况，各个省都是一样的，如果不是身在其中的人是不容易发现漕运里那些隐蔽的情况的。现在我把漕运弊端的原委详细地告诉了你，我弟弟看过之后，有什么感想呢？

致枫翼弟（谈嗣子）

日来颇有人以嗣续之说进者。兄自念年已四十有六，缓固无妨，立亦有见。查《律》，凡无子者，应以最近昭穆相当者之子为嗣，不得紊乱。又查《律》，凡无子者，得于应嗣者外，别立钟爱者为嗣。是嗣子之身份，法律上固有规定，而嗣父亦有权审择。盖嗣子不仅以延一线之宗祧，且以承晚年膝下之欢心，倘所立者恃其法律上不可更易之理，而荒荡不务正业，嗣父母目击其不肖，而又格于定例，无力挥之门外，另择贤爱之人以娱暮年，则其惄焉心伤为何如？反不如不立之为愈矣。兄尝见世俗之人，往往因觊觎遗产争立继嗣，甚至各纠同党，成对抗之局，虽至涉讼公庭，亦所不预，此其心思之卑劣，真不知人间有羞耻事者矣。夫男子之承继，犹女子之出嫁，设女子自欲嫁人，必为人所不齿。而独于争产揠嗣，则众咸漠然视之者何欤！吾家财产不及中人，丁亦不旺，兄复健在，择爱择贤，若于昭穆伦序不失，宗族中当无人私议。兄意墨溪叔父之孙、斐翼之子子勋，性敦厚，于昭穆次序亦当，抚为子嗣最为合宜。弟闻之，其有意见否？

咸丰七年十二月初六日

◎白话译文

最近几天有不少人劝告我，让我选立嗣子以承续血脉。我想想自己的年纪已经四十六岁了，本来把立嗣这件事放一放是没什么妨碍的，如果立刻做的话，也是很有远见的。我查阅了大清法律上的规定，凡是没有儿子的人，应该从宗族里血缘关系最近且辈分年纪相当的人的儿子中选择立为嗣子，不能把次序弄乱了。我再次查看了大清律，凡是没有儿子（即没有孙子）的人，除了本应继承血脉的人（儿子）外，还应该另立一个自己钟情喜爱的人作为嗣子。这个嗣子的身份，在法律上本来是有规定的（即有法律效力），但是嗣父也是有权仔细考虑后再做出选择的。大概是因为嗣子不但要延续香火血脉，而且要让嗣父母在晚年享受天伦之乐，假如所立的嗣子依仗自己在法律上不能更改的儿子身份，却荒废正业、放荡不羁，嗣父母亲眼看着嗣子的各种不孝行为，但又受法律条例的限制，没有办法将他逐出门外（剥夺其法律上嗣子的身份），就另外选择贤德喜爱的人作嗣子，使自己的晚年能够心情愉快，只是失望伤心能有什么用呢？反而不如不选立嗣子更好。我曾经见过世俗里的人们，常常因为觊觎别人的遗产而想争夺嗣子的身份，甚至各自纠结同一派别，形成对抗的局势，即使发展到对簿公堂的地步，也是无法预料的，这种人心思的卑劣程度，真是不知道这世上还有羞耻这种事。

男人去给别人当继子，就像女人出嫁，如果是女人自己想嫁出去，必定会被人很看不起的。但是偏偏在争夺遗产、夺取嗣子身份这件事上，为什么众人都冷漠地看待这件事呢？我家的财产比不上一般人家，人丁也不兴旺，我还健在，无论是挑选自己喜爱的，还是挑选贤能的，只要你在宗族里长幼关系的伦常顺序不丧失，宗族里的人应该没有人会有意见。我认为墨溪叔父的孙子、斐翼堂兄的儿子子勋，性格敦厚，在宗族里长幼关系也是合适的，挑选作为子嗣抚养是最合适的。弟弟你知道我的想法了，对我的想法是否有意见？

致敏弟（择子勋为嗣之意）

来示敬悉。嗣子事，族中间有异议者，置之不听可也。此非兄孤行其意也。例载，无子承继，先尽同父期亲，次及大功小功缌麻，如俱无，许立远房为嗣。又无子立嗣，择立贤能及所亲爱者，若于昭穆伦序不失，不许宗族妄以次序告争。兄子嗣事，本可缓议，嗣因母亲大人亟欲抱孙，力主迅定，兄亦以转辗兵中，一旦遭遇不测，与其留后日之纠纷，毋宁定嗣续于此时，故亦不再迁延。因念墨溪公对于兄循循善诱，款款深诚，兄之略有学识，其功甚大，而其孙子勋久居兄处，颇解人意，性情亦敦厚，故商禀高堂，抚为嗣子。嗟乎吾弟！人生五十无子，精神上之痛苦已难言喻，并此择嗣之权，而又为他人所劫持，则其痛苦又将如何！阿兄此举，但求昭穆伦次不失，例载相符，择贤择爱，以娱暮年，悠悠之口不暇计矣。吾弟能为兄善为解释，俾族人知兄意志，幸甚。

咸丰七年十二月五日

◎白话译文

你来信里所说的事情我都知道了。选立嗣子这件事，家族里有人有不同的看法，放在一边不听就行了。这件事并不是我一意孤行。以前记载的事例中有这种情况，没有儿子传承血脉香火的，应该优先选立同父兄弟的子侄作为嗣子，其次才是堂表兄弟、从堂表兄弟，如果在这些人里都没有合适的人选，允许选立远亲作为嗣子。如果远亲里也没有合适的人选作为嗣子，就可以选立聪明贤能以及非常亲近喜爱的人作为嗣子，如果不至于破坏宗族里的伦理道德和长幼关系，就不允许宗族里随意因继承顺序告状争抢。兄长我选立嗣子的事情，本来可以慢慢再说，只是因为母亲大人非常想抱孙子，极力主张迅速确定，我也一直随部队到处征战，一旦遭遇不测，与其把各种纷争留到以后，不如现在就确定传承我家业的嗣子，因此我也不想再把这件事拖下去了。因为考虑墨溪叔父对我循循善诱的教导，结下了深切真诚的感情，我能稍微有些学问见识，墨溪叔父的功劳特别大，而他的孙子子勋常年住在我这里，非常善解人意，性情也很敦厚，所以我跟母亲商量禀告，选择他作为嗣子。唉，我的弟弟啊！人生到了五十岁的年纪还没有儿子，这种精神上的痛苦已经很难用言语来形容了，而且我选立嗣子的这种权利，又被他人影响左右，那么这里的痛苦又该是多么深重啊！哥哥我这样办，只求没有破坏宗族里的伦理道德和长幼关系，与法律规定的是相符合的，选择贤能的、自己喜爱的孩子，使自己的晚年能够快乐，别人的说长道短也没时间计较了。弟弟你能帮我向大家妥善解释一下，务必让家族里的人明白我的意思，那就更好了。

致彦生侄（自立事须细加考虑）

接来书，知悉一切。吾侄志在自立，宁愿自谋生计，不肯依靠祖父余荫，此志殊可嘉尚。唯此事须细加考虑，不可一味蛮针瞎灸，反使事难转圜。人不幸生而贫乏，则父兄亦难于教养，斯亦已耳。若吾侄处境，虽不十分宽裕，要亦不十分窘迫，若能循规蹈矩，则衣食无忧，一面专心读书，为光前裕后计，亦非无理。倘一味恃其忿忿之气，必欲脱离家庭，并不顾及父母之恩德，高飞远飏，自树一帜，此岂志在自立者所应尔耳！吾侄既有信来，则我为侄计，万勿作此谬想。年方盛壮，前程无限，勿执成见，勿徇浮言，至要至要。汝父处，我当另托人转述，俾一场小小风波，从此结束。

咸丰七年十二月十五日

◎白话译文

收到你的来信，知道你的一切情况。侄子你有自立的志向，宁愿自己谋求生计，也不肯依靠祖辈父辈的保护，这样的志向确实是可以称赞嘉奖的。只是这件事必须更加细致地考虑一下，不能逞一

时意气一味地胡乱瞎做，反而会使事情更难斡旋。如果一个人不幸地生下来就家庭贫困，那么父亲兄长也很难对他进行教育培养，这也没什么好说的。像侄子你这样的情况，虽然家庭并不是非常宽裕，但也不是十分窘迫，如果能按照长辈的安排循规蹈矩，那么可以吃穿不必忧虑，在这种环境中用心读书，为光耀门庭、储备家业做好准备，也不是没有道理的。倘若不懂事理、一味仗着自己的忿忿之气，一定想脱离家庭，不顾及父母对自己的恩德，远走高飞、独树一帜，这哪里是有志于自立的人应该做的事情呢？侄子你既然给我写信，那么我为侄儿你考虑一下，千万不要有这种错误的想法。你现在正值壮年，前途无量，不要执着于那些偏见，那些不实际的言论不要往心里去，这是最为紧要的，千万要记住。你父亲那里，我会另外托人转告我的想法，务必使这场小小的风波到这里就结束吧。

致枫弟（林妪抵屋事）

前闻吾乡有林妪者，曾欠吾家若干金，以住屋抵于吾家，此事弟总明了巅末，现在林妪之子忽随许公来鄂，述及前事，言愿回赎。但时间已久，其中并有无纠葛，查明后望即复告，俾便转语林子。

咸丰七年十二月廿三日

◎白话译文

之前听说咱家乡有个姓林的老妇人，曾经欠咱家一些钱，用她住的房子抵押给咱家，这件事情弟弟你已经向我详细地讲明了原委，现在林姓老妇人的儿子忽然跟着许先生来到了湖北，说到过去的事情时，说愿意把母亲的房子赎回去。但时间已经过去很久了，并且这里面有没有什么纠纷瓜葛，希望你查清楚后就来信告诉我，以便我转告林姓老妇人的儿子。

致仪弟（论治事之不易）

宝甥近日来函，颇有志于读书，此殊可喜。渠在家乡办事，甚为顺手，何以忽欲转移治事之精神，为蠹鱼之生活？夫岂感子中有所不足耶？果如是，则其前途难以限量。大凡吾人治事，其始也往往以为易与，志高气傲，不可一世，对于他人措施，辄视为不满，迨至躬自与闻，则束手缚脚，扞格殊甚，平日之理想几乎无一可用，于是乃恍然于事之不易，苟非有真实之学问以副之，决不能有为，而渐有趋于求学之一念矣。宝甥此举，殆亦若是。吾弟近日身体如何？万事须放开眼光，切勿狃于见小，蒙庄之达，实亦有至理寓其中，郁郁殊不值得也。署中近稍闲，唯除夕将至，例有一番忙碌矣。

咸丰七年十二月廿四日

◎白话译文

最近几天外甥宝给我写了一封信，说自己在读书方面有远大的志向，这是非常令人高兴的事。你在家乡办理各种事情，一直都特别顺手，为什么忽然之间就想转移了自己做事业的精神，去追求那种闲适的宁静生活呢？难道是感觉子侄们都有不足之处吗？如果真是这样，那么在你尽心的教导下他们的前途一定是不可限量的。一般我们做事情，开始的时候往往认为很容易就能做到，志气高傲，不可一世，对于别人的做事方法动不动就感觉不满意，等到自己参与其中的时候，就像被束缚了手脚一样，非常抵触无法变通，平常理想化的想法几乎没有一点用处，就在这时候才恍然悟到做事情的不容易，如果不是有真才实学与此相称，那么决不能有所作为的，因而渐渐地会产生再去读书求学的想法。外甥宝的这种行为，大概也是像这样吧。最近弟弟你的身体情况怎么样？任何事情都必须看得长远一些，千万不要拘泥于短浅的见识，庄子的豁达，确实也有深刻的道理蕴藏在里面，郁郁寡怀的话实在是不值得的。我这边最近比较清闲，只是除夕将要来临，照例还要经过一番忙碌吧。

致枫翼等弟（易人心须先养学识）

天下事正不能预料。粤贼东窜西扰，一时殊未易言肃清，兄每思今日之患，固在于贼寇之纷扰，而犹不仅在于贼寇之纷扰，贼寇之纷扰仅在于一时蔓延，虽广，终必有扑灭之一日。唯人心日趋于偷惰，薄廉耻，隳信义，唯利禄是竞，而不知卓然自立之道，循此

箴言书院

不变，又将何所异于禽兽！贼寇虽平，世风愈惧，兄目击而心伤之。然欲求变易今日之人心，似易而实难，培养青年之学识，虽远而效大。故特推衍光禄之意，于其墓旁建立书院，庋书其中，以为邑人进德修业之备，而名之曰箴言。并为之记，曰：

呜呼！昔先官詹公正学励行，矜式乡里，慈颜见背，不闻庭训者忽忽已二十年。八年因扶先慈灵柩归里，展视松楸，见邱陇有小啮痕，悲恸自责，负罪万状。十数年荷戈于外，省墓缺如，致先人魂魄不安，急思改得吉卜，乃甫满百日，而三河变起，朝廷有从军之命，义不得顾其私。逾年始倩堪舆家物色佳壤迁葬先灵。立于地旁建立祠堂，外间架叠为书院，购群书实其中，即以公之邑人士《四库全书》目录，经史子集体用兼资，此外名公记载，有关世道之文，为目所未备，为进德修业之士所必不可少者，措千金售之。林翼终鲜兄弟，嗣子尚稚，循发自视，自伤早衰，因念益阳山水清奇，潜德之士，怀抱奇节，甘心穷饿，道世而不悔者代不乏人。顾乡里著述，见闻甚隘，不足为研精耽道之助，昔先官詹家贫，植学多以借瓻游目，迨课徒取士，必讲求器识，上下古今之变，欲使旁搜远览，博通天人，毋徒恃文艺为猎取科名之具。林翼德薄能鲜，弗克负荷，愿与吾乡父老，率其子弟，共守此志，孜孜励于实学，振起士风，弗致守缺抱残，恨遗经之不广，是则林翼推衍先光禄正学之传之意也。

此文由兄亲自缮好，一并附上，望吾弟镌石植于院中，俾读者知其建院之原委而思所以振奋也。

咸丰十年二月初二日

◎白话译文

正所谓天下的事情不能预料。广东的贼寇到处逃窜、骚扰百姓，在短期内实在不能轻易地说清剿干净了，我常常思考，造成现在祸患的原因，固然有反贼强盗经常骚扰滋事，然而好像不只在于反贼强盗的滋扰，反贼强盗的滋扰仅仅只是在一段时间内蔓延，虽然声势很大，但最终一定有被扑灭的一天。只是人心一天天变得偷懒怠惰，寡廉鲜耻，毁坏了诚信忠义，只是竞相争名夺利，却不明白人生在世要自立自强的道理，如果长期这样下去的话，那么跟禽兽相比没有什么不同啊！反贼强盗虽然被除掉了，但是社会风气越来越糟糕，我眼睁睁地看着现在的情况，却因此感到非常难过。但如果想要改变现在这种社会风气，看起来很容易但实际上很困难，要培养青年人的学问见识，虽然任重道远但收到的效果会很显著。所以，我特地考察推究了先父的心意，在他的坟墓旁建立了一家书院，在里面收藏了很多书籍，为乡里的人们修养道德学业做好准备，并把这些书命名为箴言。我还为它做了一篇序言，序文：

悲伤啊！我父亲生前为人正直又雷厉风行，是乡里百姓的楷模，但这位慈祥的长者已经逝世了，不能在他面前听到他的教诲一转眼已经有二十年了。咸丰八年，我护送亡母的棺椁回到家乡，仔细看过坟墓边上的松树楸树，发现坟墓上有被野兽咬啮过的痕迹，我心里非常悲痛自责，实在是有万般的罪过。十几年来，我在外面忙于军事，很难回来扫墓，导致（坟墓遭损坏）先人的魂魄在九泉之下难以安息，我急着想找一块风水吉地再行改葬，但是还不满一百天，三河事变却突然发生了，朝廷下了让我赶回部队的命令，从道义上说我不能顾全自家的私事了。过了一年多，我才请看风水的先生查找风水好的地方，把先辈的坟墓迁移改葬到那里。在坟墓旁建了一个祠堂，外面修建了一个书院，还买了很多书籍放到了里面，就按照同乡人著述修撰《四库全书》的目录收集藏书，经史子集既符合道统，又非常实用，除此之外，还有著名士人的记载、有关世风品德民心道义的文章，是目录中没有提到的，也是提高修养增长学识的人一定不能缺少的，所以筹措了上千两银子都买回来。我胡林翼始终缺少兄弟，选立的嗣子年纪还小，考虑自己现在的这种情况，我为自己年纪轻轻竟如此衰弱感到伤心，因为考虑到益阳山清水秀，民间有道德高尚的人，志向高远、气节崇高，甘愿受穷挨饿，为世人做出典范却不后悔的人，每个时代都不缺少。查看民间的文章著作，所听所见特别狭隘，不足以为那些深入钻研学业道理的人带来帮助，过去父亲小的时候家境贫困，钻研学业时多数是向别人借书匆匆读完，等到能够给弟子上课选拔人才时，一定要求具有器量见识，一定想让他们旁搜博览上下古今的社会变化，见识广博到能够天人相通，千万不能只是让他们凭借写文章的才能作为获取功名的工具。我胡林翼道德浅薄、才能很少，但不推卸自己承担的责任，愿意和我家乡的父老乡亲一起，率领后辈子弟，一起坚持这个志向，在追求实用学问的道路上不断努力、勤勉奋斗，重振士人的风气，不致于抱残守缺，悔恨流传下来的经文典籍不多，这些就是我胡林翼推广传承先父正统道学的想法。

胡林翼作《箴言书院序》

这篇文章是我亲自抄写好的，随信一起寄给你，希望弟弟你把刻有这封信的石碑立在书院里，务必让看到这块石碑的人知道建立书院的原因，而想借此来激励振奋他们。

致枫弟（谈军情及择婿）

前信并建言书院记一文收到否？昨读来函，悉吾弟身体健旺，为慰。迩来贼势益蹙，然不拼死奋斗，而反寂然无所动作，实缘外怯小池驿、黄泥港之兵，内怯柳林河、朱武庙之兵也。现正与前敌各营筹商应付之策，或待贼之变症而后急起应之。抑或乘其游魂未定而先破之，尚未决。兄意倘能审明地势、贼势，而又有人预先安排米粮，俾军实不缺，而后拊贼之背，冲贼之腰，抄贼之尾，用奇计以致胜乃可。若因循坐误，甚无谓也。

吾弟言择婿一事，确非容易。娶媳须知其品性是否优美足矣，媳家之贫富可不问也。择婿则当略稔其人之产业能否温饱，是亦含有经验之谈。兄则谓择婿第一先审其德，第二须知其才，第三须视其门第，最后乃涉及家私。承平之世，其人拥有遗产，苟不荒荡，似已可称为佳子弟。唯今日世变愈亟，非有真实本领，万难图存，更安论顾及妻子？

有才无行，亦殊危险，即如此次，吾弟意中所认为可当东床之选之邹绍刘，其人兄曾见之于志俊处，口才极佳，酬对尤周到，唯微嫌其佻仾耳，不若兆兰子之勤朴可爱。即就先德谕，邹似已畅泄，而胡则颇厚积未露，质之吾弟，以为当否？

咸丰十年三月十九日

◎白话译文

上次给你写的信和为书院写的那篇文章收到了吗？昨天我收到了你的来信，知道弟弟你身体健康，我感到非常欣慰。最近以来，反贼的形势越来越紧急了，但是不拼命挣扎，反而沉寂下来没有任何行动，确实是因为惧怕外面驻扎在小池驿、黄泥港的军队，惧怕里面驻扎在柳林河、朱武庙的军队。现在我正在和前线各部队的首领筹划协商应对的策略，或者等待反贼有所行动后紧急起兵后发制人，或者是趁他们的根基还没有扎稳而先把他们击败，最终选用哪个决策还没有确定。我的意思是，如果能查清地势、反贼的具体情况，而又有人能预先安排好米粮的供给，务必让部队的供给不缺乏，然后从后面攻击敌人，从中间突入敌人的阵营，包抄反贼部队的后部，用出其不意的计策获取胜利就太好了。如果按部就班就会坐失良机，实在是不应该的。

弟弟你说到挑选女婿这件事，确实是非常不容易的。娶媳妇的话，只要了解新媳妇的品德是否高尚、性格是否温顺就足够了，新

媳妇的娘家是贫穷还是富裕可以不关心。挑选女婿的话，就应当熟知他的家业能不能满足温饱，这里面也是有经验之谈的。我的意思是，挑选女婿，第一件最重要的事是考察他的品德，第二个必须了解他的才能，第三个必须看他的家庭出身，最后才涉及他家的贫富与否。太平盛世，一个人拥有家业遗产，如果不是过度地荒淫放荡，好像已经可以称作是很好的后辈子弟了。只是现在的社会变化无常，如果不是有真正踏实的本事，确实很难在这个社会里生存下去，更不要说能顾得上妻子孩子呢？

如果是有才能却品行败坏，也是非常危险的，就像这次，弟弟你很满意认为可以作女婿人选的邹绍刘，这个人我曾经在志俊那里见过，口才非常好，应酬举止尤其周到，只是稍稍嫌弃他的轻佻油滑，不如兆兰的儿子勤奋简朴、让人喜爱。如果按最重要的品德来考察，邹绍刘的才能似乎已经完全显露出来，而胡兆兰的儿子就是厚积薄发、不露锋芒。我把自己的想法告诉弟弟你，你认为我的想法是否恰当呢？

致枫翼等弟（决战前心态）

兵事如学人功课，不进则退，不战则并不能守。现在对贼之谋业已决定，以地势贼情而论，似已拊背扼吭。官渡摧袁，虎牢擒窦，不难操胜算也。现在所最为恐惧者，兵将备多而力分，又因屯兵过久，兵士或有久逸心淫之惧耳。兄视富贵功名毫无留意，如天怜我愚，一月破贼，则悲壮忧愤，或可稍释一二耳。

咸丰十年五月初八日

◎白话译文

关于用兵的事情正如跟他人学习做学问一样，不前进就是后退，如果不能进攻，那就不能防守。现在应对反贼叛军的谋略方法已经确定了，从地理形势和反贼的情况来看，似乎已经从背后部署好了，控制了咽喉要地。官渡之战，曹操打败袁绍，虎牢关战役中李世民活捉窦建德，现在基本上已经稳操胜券了。现在我最担心的事情就是虽然部队的将领士兵准备充分，但是兵力分散并不集中，又因为部队驻扎的时间太长，没有作战，有些士兵或许会好逸恶劳、贪图享受，这些都是我非常担心的。我对于富贵功名是毫不在意的，如果老天怜悯我天生愚钝，一个月就打败反贼的话，那么我悲壮和忧愤的心情或许能稍微放下一点点吧。

唐太宗李世民画像

致叔华侄（论读书与作文）

华侄读书以不得其法，来问于余。读书如攻贼，非可侥幸得果者也。多读乃是根本之图。六经无论矣，余如《老》《庄》，如《史记》，如前后《汉书》，如《通鉴》，如韩柳欧苏等集，均为不可不读之书。多读则气盛言宜，下笔作文便仿佛有神助，否则干枯拙塞，勉强成篇，亦索索无生气，不足登于大雅堂也。每作一文，首须打定一主意，然后正反旁侧，随笔而书，使有众星以拱北辰之概；次须联想。联想者，因此而写及彼事也。其中关键至为重要。譬如因笔而思及造笔者为何人，笔之进步如何，又思及笔与纸墨有何关系。与人之文思又有何关系，照此联想，则文必畅达，而无格格不吐之弊。总之，有主意则文不散漫，能联想则文不拙滞，而又多读以运用其思想，则于为文之道亦庶几近矣。抑有欲为吾侄告者，读书须勤，然亦须有分寸。吾侄身体本不甚健硕，若再焚膏继晷，孜孜矻矻，则损害其身，殊非浅显。身体一弱，则虽有志进取，而亦苦于精力不继，读亦不能记忆，有何益哉！余年未老而已觉衰弱，曩时读书不慎；亦为一因，故甚望吾侄之勿再蹈余覆辙焉。

咸丰十年五月初十日

◎白话译文

韩愈画像

华侄你在读书时因为不能找到好的方法，所以写信来问我。我认为读书就像攻打贼寇一样，不是能够侥幸获得成果的。多读书才是根本的解决办法。六经就不提及了，其他的比如《老子》《庄子》，比如《史记》，比如《汉书》和《后汉书》，比如《资治通鉴》，比如韩愈、柳宗元、欧阳修、苏轼等人的文集，这些都是不能不读的书籍。多读这些书可以提高个人的品德修养，在发言讲话时就能做到语气言辞合适，下笔写文章就仿佛有神仙帮助一样，不这样那么写出来的文章就会枯燥无味、语句拙劣不通，即使勉强完成了一篇文章，也会感觉索然无味、没有生气，不能达到登上大雅之堂的程度。我认为每次开始写文章，首先就要确定一个中心思想，然后从正反侧等方面全部写出来，让它产生众星拱卫北极星的效果；其次就必须联想。联想就是要从这件事写到其他的事。其中关联想象的部分是最重要的。比如说由一支笔想到制造这支笔的人是什么样的人，笔的进步之处有哪些，接着又想到笔和纸张、墨水有什么关系。还可以想想与人写文章的思路有什么关系，按照这样联想下去，那么写出来的文章一定是流畅通顺的，而没有含义表达不清的弊端了。总而言之，确定了一个中心思想，文章就不会散乱无边；能够联想发挥，文章就不会拙劣无味，再加上多读书并运用书中的思想，那么写文章的方法你就基本掌握了。或许会有人想告诉侄儿你，读书必须勤奋，但是我认为勤奋也必须掌握好分寸。侄儿你的身体本来就不是特别健壮结实，如果再不分白天黑夜地努力读书，孜孜不倦、勤奋不懈，就会损害自己的身体，这样不是特别浅薄吗。身体一旦虚弱了，那么即使心怀不断进取的志向，却因为精神体力不能持续而感到痛苦，读了很多书也记不住，那又有什么好处呢？我现在虽然年纪还不老但已经感觉身体衰弱很多了，就是因为过去读书时没注意身体，现在也是困扰我的一件事，因此我特别希望侄儿你千万不要重蹈我的覆辙了。

致枫弟（告江南大营溃败）

江南大营围困粤贼，使如瓮中之鳖，不能逞志肆扰，我乃得以专心剿除其羽翼爪牙。现噩耗传来，大营已溃，悲乎，天下从此多事矣！收拾难局，兄辈益不能辞卸其职责矣。闻大营之溃，主帅调度布置实亦不甚尽善，患在有围兵而无备战之兵，有守兵而无备剿之兵，以七八万人屯于坚城之下，既不速为剿灭，捣穴擒渠，又不能围使不得突出，坐令贼众从后路旁路四出纷扰。主帅始则迟疑吝啬而不肯速分兵，又不肯多分兵，继因所分之兵败挫不力，后路旁路已陷，饷道已阻，始不得已而再分兵，则应战之兵气已涣，而围城之兵力又单，贼遂得以乘间抵隙，以陷其营垒。嗟乎，是亦气运所致也！现在贼益猖狂，四出窜扰，皖北楚北既尚在筹剿之中，而苏浙又急电催援。兵不敷支配，饷难以筹拨，正是棘乎，奈何奈何。弟等在乡务须竞业自持，切不可稍涉骄纵，当斯乱世，仿佛燕巢幕上，鱼游釜中，唯安分守己或能不见嫉于乡里，唯乐道守贫或能杜绝宵小之生心。若稍涉骄纵，则真为危险也，慎之慎之。

咸丰十年五月廿三日

◎白话译文

驻扎在江南的大部队把广东的贼寇围困住，使贼寇像困在瓮中的甲鱼一样完全被我们掌控，他们不能胡乱肆意地骚扰百姓了，我才能抽出时间专心剿灭他们的党羽、帮凶。现在前方传来了噩耗，说是大部队已经溃败，令人悲痛啊，从这以后天下的麻烦事就多了！收拾整理艰难的局势，我们这些人就更不能推卸自己的职责了。听说大营的全线溃败，主帅的调度安排的确也有不是特别完善的地方，犯的主要错误就是有围城的部队却没有准备进攻的预备队，有严密防守的兵力却没有准备围剿的兵力，把七八万人的部队驻扎在坚固的城池之下，既没有在短时间内快速进行围剿，直捣贼穴、截取退路，又没能把贼寇围困严实不能突围，白白地使贼寇从周围的小路逃出到处骚扰。主帅开始的时候反应迟疑又吝惜兵力，既不肯快速分派士兵，又不肯多派士兵，导致后来因为分派的兵力不够而受挫失败，撤退的路和旁边的路都已陷落贼寇手中，运送粮食军饷的道路也已经阻断，才不得已再次派兵出战，但是应战部队的士气已经涣散，而且围城的兵力已经非常薄弱，于是贼寇能够乘机反攻，最终攻陷了我们的大营。唉，这也是命运气数导致的啊！现在贼寇更加猖狂了，到处流窜骚扰百姓，安徽北部和湖北北部刚刚还在准备围剿的计划中，然而偏偏在这时江苏浙江又发来紧急文件催促我们

增援。现在的情况是兵力不够支配、军饷也难以筹集划拨，形势非常难处理，该怎么办呢？弟弟们在家乡一定要管好家业坚持下去，千万不能有一点点骄奢放纵，身处这个混乱的世道，好像燕子在帘幕上做巢、鱼儿在锅里游动一样，形势非常危险，只有安分守己才能不被乡里的百姓嫉恨，只有乐道守贫才能避免那些奸险小人的觊觎之心。如果稍微有一点儿骄奢放纵，那么真的就是很危险的，一定要谨慎再谨慎。

致枫弟等（谈灾情与时局）

来信谓天气潮湿，久雨不止，田中苦水，秋收将绝望云云。为之不欢累日。值此乱世，莠民受贼众煽惑，已难保不狡焉思逞。所望秋收大有，年岁稔熟，使安分良民饱食而嬉，优游卒岁，不存一铤而走险之念，乡里乃得暂保目前之治安。倘果霪雨成灾，粒米无收，则天下事扰乱之始，无一不借民食缺乏以为导源者。盖乱小由于岁荒，其煽动人心难，即乱亦易扑灭也。现在苏浙告警，鄂皖未平，军饷又艰窘不堪，虽奏请减成收捐以济眉前，无如粥薄借多，万难支配。悠悠苍天，辄呼负负。假使湘又告荒，贼更可资为口实，以煽构湘民，而局势益将陷纠纷莫解之境矣，如何如何？弟等在乡，苟能筹办团练至佳。盖团练以本乡人士捍卫本乡，并即以本乡款项救济本乡，一方以防贼寇之煽诱，一方即以绝宵小之横行。望与绅耆唐、庞诸老一谈及之。天如沛下甘霖，望速速示知。

咸丰十年六月十四日

◎白话译文

你的来信里说家里天气潮湿，雨下了很长时间都没有停，田里的庄稼遭受了雨水灾害，秋收恐怕是要颗粒无收等等。我因为这件事连续几天都高兴不起来。身处现在这个乱世，一些不良百姓受到贼寇的煽动蛊惑，这样的情形已经是很难保证他们不图谋聚众造反了。本来指望秋季能有一次大丰收，一年五谷丰登，让那些安分守己的普通百姓能够吃饱饭，无忧无虑，过上快乐的生活，不会心存铤而走险的念头，乡里才能暂时保证现在的安定太平。如果真是雨水连绵不断、洪水成灾，粮食颗粒无收，那么天下作乱造反的事情发生的根源，没有一个不是借百姓缺少粮食作为导火线的。可能因为年成不好所引起的动乱不会非常严重，贼寇想煽动蛊惑人心也是很困难的，即使爆发这种叛乱也是容易镇压的。但是现在江苏浙江都已经发出警报，湖北安徽境内的动乱还没有平定，目前的军饷又很难筹措，虽然已经上奏朝廷请求减少支出收取捐税来度过眼前的难关，但这也只是杯水车薪，确实是很难支配。悠悠苍天，怎么会如此不公平啊。如果这次湖南又发生饥荒的话，那么贼寇更能把这个当作借口，用来煽动蛊惑湖南民众，然而整个局势将会陷入更多纠纷不能解决的境况，究竟该怎么办呢？弟弟你们在家乡，如果能够筹备组织团练就最好不过了。因为团练就是用本乡人捍卫本乡的安全，并且就是用本乡的钱财救济本乡的百姓，一方面可以预防贼寇煽动蛊惑百姓，另一方面是可以杜绝流氓混混的飞扬跋扈。希望你们能和乡里比较有名望的唐先生和庞先生等几位前辈谈一谈这件事。如果上天降下大雨，希望你快一点告诉我。

致保弟（谈减成收捐之法）

来信问减成收捐之法，此亦不得已而暂行之事。照例，实职减四成，虚衔封典，又递减二成。今定为交银二两五钱，作银五两，如可行于江西、湖南，约可增百万。又营务处建议，按粮五钱以上者，定为捐输，合江西之八十七万，湖北百万，湖南七十万之原额。除五钱以下原属小户不计外，尚可增捐输数百万两。然宣公履亩而税，孔子非之；陈康伯经制钱之始，顾亭林议之。苟且之政，所补几何？兄之出此，实属万不得已，然亦不敢不博询众议，而后出此也。总之今之军费，几已陷于一筹莫展之境。贼寇以抢掠为的，攻破一城，即不患无饷，我则分道驰援，一日无饷，三军即有哗变之虞。而民力万分凋弊，又何忍为竭泽而渔之计？刘晏复生，亦将束手，此兄所以焦思澈夜不能成寐也。涤帅前有信言，谓欲富国，须减用；欲强兵，须裁兵。此乃千古不刊之名论，特此时此地未易遽行耳。

咸丰十年八月初十日

◎白话译文

顾炎武画像

在来信中你问到“减成收捐”的办法，这也是不得已而暂时采取的办法。按照以前的惯例，有实权的职位减少十分之四的价钱，没有实权的官职和皇帝封赐给官员及其妻室、父母和祖先的荣典，减少十分之六的价钱。现在确定的办法是，只要交了二两五钱的现银，就可以在账面上当作交了五两银子，如果这种办法能在江西和湖南实行的话，就大约可以增加百万两银子。另外营务处建议，要交五钱银子以上赋税的人家，规定他们要向国家捐献财物，这样除去原定的江西八十七万两、湖北一百万两、湖南七十万两总额外，再除去五钱银子粮税以下的零散小户，还可以增加捐输几百万两。然而鲁宣公按田亩收赋税，孔子对他提出批评，认为这样不对；陈康伯（为拯救时局）开始创立经制钱这个税目，顾炎武认为这样的做法值得商榷。这些政策都是为了应付眼前的困难，对时局能有多大的帮助呢？我做出这样的事，实在是万不得已，但是也不敢不更多地询问大家的意见，然后再着手去做。总之，现在的军费几乎已经陷入了一筹莫展的境地，反贼叛军把抢劫掳掠作为目的，只要攻取一座城，就不用担心没有饷银，我们这边却需要分兵几路赶着去增援，只要一天没有军饷，就会有各个部队随时哗变的担心。然而百姓的力量也万分穷苦衰败，我又怎么忍心做出竭泽而渔的计策呢？即使是像刘晏这样有才能的人再生，对这种情况也将束手无策，这些是让我焦虑得整晚不能睡着的原因。涤帅老人家以前曾给我写信说，如果想让国家富强起来，就必须减少费用；如果想让军事实力变得强大，就必须裁减士兵。这就是流传千古的著名论断，只是在这时候这个地方不能立刻实行罢了。

致保弟等（拟赴援行在）

畿甸之兵业已决溃，夷踞都城，毁海淀，乘舆播迁，迫至滦阳。君父之难，闻之不安。奔问官守之义，臣职攸亏；疆场拘常，按兵未能即动，此心愧愤，无以自立。现在拟一面迅筹银两，解赴行在，以济眉急；一面拟咨商曾使臣北征入卫。楚地现尚无贼，兄闻命即行，义应执殳前驱，固无所用其迟回审顾，至迁地暂避，自亦为时势所迫。并闻恭邸亦曾陈奏，尚未知圣训如何，但兄身为疆吏，应以亲自入卫为职分，即不然，亦当自承襄阳治兵，以捍牧圉。至宅镐筑丰，似非远臣所应置喙也。

咸丰十年九月初九日

◎白话译文

京城周围的部队已经彻底溃败了，番夷之邦的外国人已经占领了都城，大肆毁坏了海淀地区，皇帝流亡在外，被迫逃到了滦阳。皇帝这次遭遇的困境，我听说后感到非常忐忑。在紧急时刻赶去

曾国荃雕像

护驾是做臣子的职责，我作为臣子实在是有亏职守；防守边界还像原来一样紧张，我虽然带领着部队却不能立刻赶去护驾，我心里羞愧愤懑，感觉自己实在没法活在世上了。现在我打算一边迅速筹集银两，送到皇帝的避难之处，来解决燃眉之急；一边打算和曾国荃使臣商量北征保护皇上。湖北一带现在还没有反贼叛军，我如果听到命令就立刻行动，按道理来讲我也应该拿起武器披上铠甲前去听从皇帝的指挥，本来就不应该瞻前顾后，到滦阳暂时躲避，自然也是被当时的形势逼迫。而且我还听说恭亲王也曾经向皇帝上奏，现在还不知道皇帝的想法是什么，但兄长我身为镇守边疆的官员，应该把亲自领兵去保护皇帝作为自己的职责，即使不这样做，也应当自己要求到襄阳训练部队，来捍卫保护流亡在外的皇帝。至于修建都城，好像不是镇守边疆的官员应该讨论的事情。

致保弟等（告时局身心两危）

君父之难，闻之愧愤。兄忝膺疆寄，自应北上入卫，此臣职之大义也。行吾心之所安，本不计及事之能济与否也。乃皇上眷念东吴，寤寐不释，九月二十日有旨止鲍春霆不必北行，吾辈得以专意江南，竭其绵力，此天心之仁也。唯是大营一失，江浙沦陷，而夷兵北侵，首都复危。瞻言大局，真有涕泗无从之概，奈何奈何！兄近异常烦躁，心胸间似有一痞块横阻，时亦咯血，舌色如墨，医治略愈。唯运兵筹饷，日不暇给，宾客书疏，手自批答，常至漏下四鼓始能就寝。食少事繁，病又丛生，自揣精力，殆亦不能久居于世矣。

咸丰十年十月十四日

◎白话译文

皇帝这次遭遇的灾祸，听到后我感到羞愧愤懑。兄长我担任开疆守土的官职，自然应该率部队北上保卫皇帝，这是臣子职责的大义所在。去做能让我的内心感到宽慰的事情，本来就不用考虑事情是否能够成功。但是皇帝对东南一带非常担心，日日夜夜都不能放下心来，九月二十日接到圣旨，阻止鲍春霆不必北上，我们这些人才能专心处理江南的事情，尽我们的绵薄之力，这是皇帝心地的仁慈啊。只是一旦大营失守，江浙地区一定会沦陷，但是洋人的部队对北方进行侵略，首都又将面临危险的处境了。说起以后的发展形势，真有没有办法急得掉眼泪的感慨，怎么办怎么办啊！

胡林翼陈列馆

兄长我最近非常烦躁，胸腹之间好像有一个硬块阻塞了心气，有时也会咯血，舌头的颜色像墨水一样黑，医生治疗后略微有些好转。只是指挥部队、筹集军饷，没有一天空闲时间，宾客的书信和请示，我都要亲手回复批示，经常要到四更（大约晚上两点）左右才能睡觉。吃得很少，需要处理的事情又多，各种疾病都有，我估计自己的精神力气，大概也不能在世上活很长时间了。

译者后记

在晚清王朝的历史上，曾国藩、胡林翼、左宗棠、李鸿章四位可以说是赫赫有名，并称为晚清中兴四大名臣。作为四大名臣之一的湖北巡抚胡林翼，曾是官场里的一代枭雄，在世时声名远扬，死后深受蒋介石、毛泽东等人的推崇。1861年，胡林翼英年早逝，然而大清帝国的灾难才刚刚开始。

翻开尘封的史册，寻找一代枭雄胡文忠公的踪迹，但由于种种原因，目前熟稔其人其事其学的人并不多。本书收录了胡公从道光二年（1822年）至咸丰十年（1860年）的88封具有代表性的家书，主要是胡公写给叔父、父亲、弟弟、侄辈等家人，内容涉及修身交友、治学齐家、官场为政、军事谋略、人才选拔等方面。通过这些饱含真情实感的家书，我们可以窥斑见豹地探索胡公的心迹、思想和人品，感受晚清王朝的政治风云变幻、贫民百姓的水深火热，目睹胡公的忧国忧民、克己奉公、清正廉洁、整顿吏治、守土治民，把糜烂之鄂治理成富足之省，他是如何做到这些的呢？

循着通俗易懂的译文，你一定能从中找到满意的答案。胡公崇尚仁政，把“仁爱”作为经邦治国、守土治民的基本准则；对腐败

的现实深感不满，参劾大批贪官庸吏，以澄清天下为己任；认为良吏必须保持廉政、高效、勤政的作风，大力保举有才之人。腐化污浊的黑暗官场更促使他深思——“国家之败，皆由官邪。”他认识到，吏治优劣是清王朝能否长治久安的关键所在。在此，他虽放大了清官良吏的作用，但他重视选拔官吏的思想也由此可见。他在晚清以善于罗致人才、推荐人才而出名，其中尤以七次举荐左宗棠传为政坛佳话。

借古鉴今，胡林翼的为官之道、整顿吏治之才对现代社会不无借鉴之处，胡林翼严于律己、以天下兴亡为己任的崇高思想是我们需要继承和发扬的。胡公家书正如一面铜镜，真实地反映了他复杂的内心世界，使我们在阅读的过程中，不免心中生起敬意和钦佩，也使我们的心灵得到净化和超拔。

王志茹

2014 年 7 月 10 日